The Peter
Series of

No. 12

General Editors: Branko Gorjup and Francesca Valente

Longo poesia

The Peter Paul Charitable Foundation
Series of English Canadian Poetry

Alla memoria di Vincent Peter Paul,
il cui anelito per la bellezza e le sue espressioni nella cultura italiana
ha arricchito molti lettori anglofoni,
ispirando quanti lo conoscevano e esprimendo la sua convizione
che la vita è un dono da celebrare.

To the memory of Vincent Peter Paul,
whose search for beauty
and its expression in Italian culture benefited many Canadians,
inspired those who knew him, and affirmed his conviction that life,
in all its aspects, is a gift to be celebrated.

Barry Callaghan

Hogg

A cura di Branko Gorjup e Francesca Valente

Opere su carta di Enzo Cucchi
Introduzione di Branko Gorjup
Traduzione di Armando Pajalich

Revisione di Francesca Valente
in conversazione con il poeta

Longo Editore Ravenna

Canada Council for the Arts Conseil des arts du Canada

This book has been published
with the kind assistance of the Canada Council and
the Department of Foreign Affairs and International Trade
and the Peter Paul Charitable Foundation

The editors and translators would like to thank: Deborah Brent and Margaret Atwood, William Kennedy, Timothy Findley, Joyce Carol Oates, Leon Rooke, Brunella Antomarini. Thanks go to Barry Callaghan for his patience in assisting the translators, and to Enzo Cucchi for his generous contribution of work on paper specifically created for this edition. A special mention goes to Emanuele De Amicis and Jacopo Masi, for their previous translation of some of the poems included in this volume, as well as to Filippo Mariano for his contribution to the success of this publication.

I curatori e i traduttori desiderano ringraziare: Deborah Brent e Margaret Atwood, William Kennedy, Timothy Findley, Joyce Carol Oates, Leon Rooke, Brunella Antomarini. Un vivo ringraziamento va a Barry Callaghan per aver pazientemente assistito i traduttori, e a Enzo Cucchi per le sue opere su carta, appositamente create per questo volume. Si ringraziano Emanuele De Amicis e Jacopo Masi per le loro precedenti traduzioni di alcuni testi qui inclusi, nonché Filippo Mariano per il suo contributo alla buona riuscita di questo volume.

Permission for this publication was granted by the author.

ISBN 978-88-8063-708-0

Via P. Costa, 33 – 48 100 Ravenna
Tel. 0544.217026 – Fax 0544.217554
e-mail longo@longo-editore.it

Printed in Italy

Testimonianze
Appreciations

Margaret Atwood - William Kennedy - Timothy Findley
Joyce Carol Oates - Leon Rooke - Brunella Antomarini

There is a poem by Gwendolyn MacEwen that ends, "There is something down there and you want it told." She could have been speaking directly to Barry Callaghan: what's down there, and telling it, have been the two poles around which his work in all its multiplicity has long revolved.

Down there is the underground, the underworld – of gambling, of petty criminals and drunks, of "social undesirables," of outcasts and immigrants, and, as in the title of his fine literary magazine, of exiles: those who either fall to the bottom or are thrown there or who dive down there deliberately. Down there is also the world of repressed wishes, of surrealism – the flip side of reason and logic, the dreamworld, the cave you enter in search of treasure or lost Euridice, or else the nightmare Minotaur. Then, too, it is the subterranean realm of passion and rage, of volcanic emotions. It's the sadness beneath the flesh: down there is beneath. Down there is also where the angels went when they were kicked out of heaven, and Barry's work goes hurtling off in search of them – them and whatever else may be down there. Eccentric pen and outrageous pencil, and hook, line and sinker are his tools, and big fish are what he's after: the big fish down there. Some of them are angels manqué, but some of them are sharks.

So Barry Callaghan is – among many things – one of those wild-eyed, depth-defying explorers of the underground. It's always a risky vocation, and he's taken his risks; and the work – he is telling it – is the result. Telling it also is, of course, one of the risks. Each of his pieces is the end of a rope, a rope you can haul in or climb down, which may or may not be a lifeline. What's at the other end? Something you can't see yet, something with teeth. Some sort of monster. Whatever he's hooked.

You.

Margaret Atwood

Una poesia di Gwendolyn MacEwan termina così: "C'è qualcosa là sotto, e vuoi che venga raccontato". Sembra quasi che si stesse rivolgendo direttamente a Barry Callaghan: quel che c'è là sotto, e l'atto di raccontarlo sono le due polarità attorno a cui ruota l'opera di questo scrittore, in tutta la sua molteplicità.

Là sotto ci sono il sottosuolo e il mondo sotterraneo: il gioco d'azzardo, la microcriminalità e gli ubriachi, gli "indesiderabili", i reietti, gli immigrati e, così come si intitola la sua bella rivista letteraria, gli esuli: quelli che vi sprofondano o vi vengono fatti sprofondare o che vi si tuffano deliberatamente. Là sotto c'è anche il mondo dei desideri repressi, del surrealismo, l'altra faccia della ragione e della logica, il mondo onirico, la caverna esplorata alla ricerca di un tesoro o della perduta Euridice, oppure il Minotauro da incubo. Inoltre, quello è anche il regno sotterraneo della passione e della rabbia, delle emozioni vulcaniche. È la tristezza sotto la carne: là sotto c'è il fondo. È là, pure, che ripararono gli angeli una volta cacciati dal Paradiso, e gli scritti di Barry si lanciano alla ricerca – di loro e di quant'altro ci possa essere lì sotto. Penna eccentrica e matita audace, amo e lenza con tanto di piombo sono i suoi arnesi, e le sue prede sono pesci grossi, i pesci grossi là sotto. Alcuni di loro sono angeli mancati, ma altri sono squali.

Quindi Barry Callaghan è – fra l'altro – uno di quegli esploratori dagli occhi invasati che sfidano gli abissi del mondo sotterraneo. Vocazione sempre rischiosa. E lui i suoi rischi li ha corsi, e la sua opera – è lui stesso a raccontarlo – ne è il risultato. Il raccontare stesso, ovviamente, è uno di quei rischi. Ogni suo scritto è l'estremità di una corda, una corda da tirare a sé o con cui calarsi giù, che può essere o meno una cima di salvataggio. Cosa si trova all'altro capo? Qualcosa che non si riesce ancora a scorgere, qualcosa che ha i denti. Una specie di mostro. Qualunque cosa abbia preso all'amo.

Tu.

Margaret Atwood

The word "abundance" defines Barry Callaghan's formidable body of work as much as it defines the man. He succeeded early and ranged widely: artist, poet, fiction writer, war correspondent, television personality, founder / editor of a literary magazine, teacher of literature, translator, raconteur, and, implicit in all, bon vivant at the edge, the sad, laughing high roller who likes the action. He once enumerated his avocations: "Gambling, muse women, basketball, the African jungle, political power brokers, hucksters and hustlers, priests." He left out jazz, which has energized his life, and pervades his prose and poetry.

He is also a creature of the blues, of the world, of profane wit, of lapsed Irish Catholic mysticism. I mentioned to him while I was reading *The Hogg Poems* I thought of Bunuel and he said, "Yes, he's my cousin." Certainly, as are all the surrealists; but none of Breton's soluble fish swim through Callaghan's Hogg poems. Here is a writer of achingly real, indissoluble love, an orgiastic love that will go nowhere, but forever. Love is a pair of roasted doves, the light inside a stone, a maddened mouth when the wind strikes twelve, and Hogg, the hipster philosopher, is the traitor betrayed (very Irish), a witness to the action and the pain that are not quite simultaneous, a man who knows that the absence of love is a corrective to the absence of meaning.

Callaghan, because his work is so good, his life so improbable, is sometimes called The Callaghan, as if he had invented and shaped himself into a mythic monad: the only-begotten son of his imagination.

"In death," he wrote of himself, "he will forgive his enemies but he will not forget.

As for his friends, he will dance with them all on the head of a pin."

Yes, brother! On that same pin where legions of angels rock and roll for Jesus to confine the Anti-Christ. And when we've worn out the pin, we'll feast on those empyrean lobsters we sent to heaven.

Hoc est enim corpus meum.

William Kennedy

La parola "abbondanza" definisce il corpus formidabile dell'opera di Barry Callaghan tanto quanto l'uomo stesso. Raggiunse presto il successo e spaziò in molteplici ambiti: artista, poeta, prosatore, corrispondente di guerra, personalità televisiva, fondatore-editore di una rivista letteraria, docente di letteratura, traduttore, affabulatore e, implicito in tutto, bon vivant all'estremo, triste ridente scommettitore innamorato dell'azione. Una volta, fece una lista delle sue predilezioni: "Gioco d'azzardo, donne che siano anche muse ispiratrici, pallacanestro, giungla africana, boss della politica, profittatori e prostitute, preti". Si dimenticò di menzionare il jazz, che ha dato un impulso speciale alla sua vita e pervade la sua prosa e la sua poesia.

Inoltre, è una creatura del blues, del mondo, dell'arguzia profana, del misticismo cattolico irlandese non praticante. Gli accennai che mentre leggevo *The Hogg Poems* mi venne in mente Buñuel e lui disse: "Sì, siamo cugini". Certo, come lo sono tutti i surrealisti; ma nelle poesie di Hogg non nuotano i pesci solubili di Breton. Siamo di fronte a uno scrittore dall'amore indissolubile e dolorosamente reale, un amore orgiastico che non arriverà mai alla meta, ma eterno. L'amore è una coppia di colombe arrosto, la luce all'interno di una pietra, una bocca che impazzisce quando il vento batte le dodici, e Hogg, filosofo hipster, è il traditore tradito (molto irlandese), un testimone dell'agire e del conseguente ma non del tutto simultaneo soffrire, un uomo che sa bene come l'assenza di amore sia un correttivo per l'assenza di significato.

La sua opera è di una tale qualità e la sua vita talmente improbabile che, a volte, Callaghan è chiamato Il Callaghan, come se si fosse inventato e foggiato in monade mitica: figlio unigenito della sua stessa immaginazione.

"In punto di morte", scrisse di se stesso, "perdonerà i suoi nemici ma non dimenticherà.

Quanto ai suoi amici, danzerà con tutti loro sulla capocchia di uno spillo".

Sì, fratello! Su quello stesso spillo dove legioni di angeli ballano il rock and roll perché Gesù metta al bando l'Anticristo. E quando avremo consumato interamente lo spillo, banchetteremo con quelle aragoste empiree che abbiamo mandato in paradiso.

Hoc est enim corpus meum.

William Kennedy

Barry Callaghan's standards as a writer and an artist are as high as they come. His novels, stories and poems have that most important ingredient – a voice of their own. Also, a vision of their own. Barry Callaghan's Toronto is like no other Toronto set.

Barry refuses to reach for international attention by setting his stories in the world's traditional glamour centers. As in the work of his father, Morley Callaghan, Toronto lies at the centre of his writing, and the city, a great one to begin with, has taken on the colour it deserves.

In his Toronto, street people, jazz musicians, truck drivers, lesbians, drag queens, prostitutes, artists and poets live out their lives – and prove to us once and for all the profound diversity and the value of the people amongst whom we live. Callaghan's Toronto is now ever present – touched at either extremity by past and future. He collects his people, gives them voice, sets them before us in all their squalor, dreams and courage, and says to us: pay attention.

And we do.

What you will find in this book is a poignant world of lives articulated by a master.

Timothy Findley

L'eccellenza di Barry Callaghan come scrittore e artista è indiscussa. Romanzi, racconti e poesie hanno il più importante dei requisiti: una voce tutta loro. E anche una visione tutta loro. La Toronto di Barry Callaghan non somiglia a quella di nessun altro.

Barry si rifiuta di cercare l'attenzione internazionale ambientando le sue storie in luoghi del mondo tradizionalmente più *glamour*. Come accade nell'opera di suo padre Morley Callaghan, Toronto sta al centro della scrittura e questa città, che è grande di per sé, ha assunto i colori che merita.

Nella sua Toronto, gente di strada, musicisti jazz, camionisti, lesbiche, drag queen, prostitute, artisti e poeti vivono le loro vite e ci dimostrano una volta per tutte la profonda diversità e il valore della gente con cui viviamo. La Toronto di Callaghan è ora onnipresente, toccata a entrambe le estremità da passato e futuro. Lui raccoglie i suoi personaggi, dà loro voce, li pone davanti a noi in tutto il loro squallore, sogni e coraggio, e ci dice: fate attenzione.

E noi lo facciamo.

Quel che troverete in questo libro è un mondo toccante di esistenze, create da un maestro.

Timothy Findley

Barry Callaghan has a distinct voice, an uncanny intuitive feel. There are of course others (I admire Margaret Atwood immensely) who write good poetry, who know how to create images and drive home "themes" and that sort of text book thing. But like John Montague, John Berryman and Philip Levine and much of W. E. Merwin, Callaghan has got the inner grasp of what poetry is: a sort of muscular "music" an incantation that always means more than it says.

I see this even in "small" pieces like Hogg's Epilogue.

It frightens me.

It is so much more than anything that can be said about it.

Like a "simple" line drawing of Matisse.

Joyce Carol Oates

La voce di Barry Callaghan è ben riconoscibile e il suo modo di sentire inesprimibilmente intuitivo. Ovviamente, di poeti ce ne sono altri (e io ammiro immensamente Margaret Atwood): scrivono eccellenti poesie, sanno creare immagini e veicolare "temi" e quelle cose di cui scrivono i manuali. Tuttavia, come John Montague, John Berryman, Philip Levine e, in molte opere, W. E. Merwin, Callaghan possiede un'intima padronanza di cosa sia la poesia: una sorta di "musica" muscolare, un incantamento che suggerisce sempre più di quanto non dica.

Vedo questo anche in testi "piccoli" come l'*Epilogue* di Hogg.

Mi spaventa.

È molto di più di quanto si possa dire a riguardo.

Come un "semplice" schizzo di Matisse.

Joyce Carol Oates

Barry Callaghan gets in there where deadly lightning bolts flash and every breath courts disaster, yet no hand is raised in surrender. "Together we will undertake the extravagance of living under a sharpened consciousness," he cries, "better a catastrophe than a false success." Otherwise, how may he assault the demons? Gusto, a spirit of this rare order, is demanded when a writer commands to the page a justly-celebrated work like the Hogg poems. Callaghan's angel frequently spreads its wings: he lays down the beautiful line.

Leon Rooke

Barry Callaghan si addentra in luoghi dove balenano folgori e saette mortali e dove ogni respiro corteggia il disastro senza che nessuna mano si levi in segno di resa. "Insieme, ci avventureremo nella stravaganza di vivere alla luce di una consapevolezza affilata", esclama, "meglio una catastrofe che un falso successo". Altrimenti, come farebbe a prendere d'assalto i demoni? Quando uno scrittore affida alla pagina un'opera giustamente celebrata quale le poesie di Hogg, è indispensabile quello che gli antichi definivano "Entusiasmo", spirito di raro ordine. L'angelo di Callaghan spiega spesso le ali, e depone un verso stupendo.

Leon Rooke

Hogg's poem is a Dantesque journey toward Jerusalem and Leningrad, which are the Purgatorio and Inferno of our days. In fact a journey backwards: Hogg is born to the earth, reaches the inferno of the surface, his ultimate destination, devoid of any Paradise. Why must he conquer this earthly hell?

Because he is a XXI century figure, who has apprehended the cruelty of individuation: Hogg has gone in search of what sets him apart in the world above ground: "when his search for singularity / was done…". Singularity is the desperate attempt to identify one thing in such a specific way that it cannot be confused with anything else. The task of comprehending the world in a "singular" way, that is a totally new way, which cannot overlap with any of the images the XX century has given us as its legacy. And the task of this new Dante coincides with the task of poetry: creating a *singular* language, capable of re-finding the world in new words, free from all theories. One of these words is "hatching": although all the poem is about death and drama, it seems as if only within death and drama can we find a possible resurrection.

Along the journey we learn to make absurdity thinkable, instead of denouncing it or overcoming it (which was the dream of the XX century). Another recursive term is "chance," described as a carrier of purity, or of the power of guessing: if it is chance that guides the course of events, if the good things are good by chance, then we must grow a faculty for guessing, a circumstantial power, which works only within a situation, expresses only a singularity. The only knowledge we are left with is the one intertwined with not-knowing (if universals are missing). This is why in these verses we often find oximora, and negative images, such as *unborn*, *unloved*, or this one: "This much was clear: what was was not".

Of course we also find a God in this universe, a strange acrobat, who creates through unbalance, a gambler, who bets – torn in itself – on its very creation.

We must read this text with a great degree of lucidity and the cynicism of an inclement truth: that there is "assonance in atrocities" and music in lies. Of all the characters we meet in this journey, we undergo the charm of the detachment with which they confront those atrocities and those lies. They have learned before we can do – but we are going to follow them – a way of thinking and of saying that doesn't try to overcome limits because it cannot clearly distinguish good from evil, but it stays inside of them, as those lovers do who: "must / pass / in the dreaming / skulls / of the unloved / planted / as milestones / toward / home."

Quello di Hogg è un viaggio dantesco che porta a Gerusalemme e Leningrado, come al Purgatorio e all'Inferno, avviene cioè alla rovescia: Hogg nasce alla terra, raggiunge l'Inferno della superficie, che è la sua destinazione ultima, senza Paradiso. Deve guadagnarsi l'inferno terreno. Perché? Perché è un personaggio del XXI secolo, che ha appreso la crudeltà dell'individuazione: Hogg va alla ricerca di quello che gli dà un posto *sopra* la terra: "when his search for singularity/was done...". La singolarità è il tentativo disperato di individuare, identificare e definire una cosa in modo così specifico che non debba confondersi con nessun'altra. Il compito di comprendere il mondo in modo "singolare" cioè del tutto inedito, non sovrapponibile a nessuna delle immagini che il secolo scorso ci ha lasciato in eredità. E il compito di questo Dante coincide col compito della poesia: creare una lingua singolare, che cioè rifondi il mondo con nomi nuovi, liberi da teorie. Una di queste parole è "hatching", covare, dare vita, sgusciare. Eppure tutto nel poema parla di morte e dramma e sembra che solo dentro questi una rinascita sia possibile. Lungo il viaggio, impariamo a dare una pensabilità all'assurdo, invece di denunciarlo o credere di superarlo (che era il sogno del XX secolo). Un altro termine ricorrente è "chance", il caso, che viene descritto come portatore di purezza, o di potere di indovinare: se è il caso a dirigere il corso degli eventi, se le cose buone lo sono per caso, dobbiamo sviluppare la facoltà dell'indovinare, un potere circostanziale, che funziona solo dentro una situazione, dice solo una singolarità. L'unico sapere che ci rimane è quello intessuto di non sapere (in assenza cioè di universali). Per questo troviamo spesso ossimori in questi versi, o immagini negative, come "unborn", "unloved", o questa: "This much was clear: what was was not".

C'è naturalmente anche un Dio, uno strano acrobata, che crea con squilibrio, un giocatore d'azzardo, che scommette, lacerato in se stesso, sulla sua stessa creazione. Dobbiamo leggere questo testo con grande lucidità e con il cinismo di una verità inclemente: che c'è un' "assonance in atrocities", che c'è una musica nella menzogna. Di tutti i personaggi che incontriamo subiamo il fascino del distacco con cui affrontano quelle atrocità e quelle menzogne. Hanno appreso prima di noi – che li seguiremo – un modo di pensare e di dire che non tenta di oltrepassare limiti, perché non distingue più in modo chiaro il bene dal male, ma resta al loro interno, come quegli amanti che: "must / pass / in the dreaming / skulls / of the unloved / planted / as milestones / toward / home".

Finite le teorie e le ideologie del secolo passato, Hogg ci intro-

After the end of theories and ideologies, Hogg introduces us to a world in which tragedies are tangible as things, slippery as chance, contingencies without neither a ransom, nor redemption, redeemed only by poetic language.

Brunella Antomarini

duce in un mondo dove le tragedie sono tangibili come cose, fugaci come occasioni, contingenze senza riscatto, né redenzione, redente solo dalla lingua poetica.

Brunella Antomarini

Branko Gorjup

Introduction

Introduzione

Thrice Born Hogg: Introduction to the Poetry of Barry Callaghan

Hogg first rose up into the light in *The Hogg Poems and Drawings* (1978). The work was, in the words of the American poet, Hayden Carruth, "an event of singular importance, registered as such in the consciousness of certain readers throughout North America." However, Hogg was destined for a second birth, almost twenty years later. In the intervening period, Callaghan had written two other collections of poetry: *As Close as We Came*, 1982; and *Stone Blind Love*, 1988. It was the latter collection that dovetailed with *The Hogg Poems and Drawings*, expanding its already significant scope – the individual's quest for singularity in a divided world – reinforcing its central theme of hope lost and regained. In 1997, Callaghan collapsed the two books, revised the texts, and Hogg was reborn in *Hogg: The Poems and Drawings*. Then, *As Close As We Came* became the core for *Hogg, The Seven Last Words*, Hogg exploring the possibilities of love as a seed of light in the black ice hole of hell, Soviet Leningrad.

Both Hogg books have enriched the Canadian imaginative space with a powerful vision that brings together the topographies of three disparate urban landscapes, Toronto, Jerusalem, and Leningrad, superimposing one upon the other, collapsing the time that separates their historical beginnings. The representation of the three cities is unique in Canadian poetry, not only by juxtaposing them along the lines of "new" and "old," "sun-strafed" and "ice-locked," "profane" and "holy," but also by making them, through inversion, into demonic parodies of each other.

Hogg's Jerusalem is a palimpsest of ancient religious fervor, unquenched zealotry and transcendence, a mythical and mystical "New Jerusalem," with its gates forever closed, forever assailed, a place of deferral. But it is also a place of physical reality, of sensuous and sensual encounters, of war, darkness and decay, a trap, an illusion, and an impossibility. Hogg's Jerusalem is where the inex-

Le tre nascite di Hogg:
Introduzione alla poesia di Barry Callaghan

Hogg ha visto la luce per la prima volta nel 1978 in *The Hogg Poems and Drawings*. Nelle parole del poeta americano Hayden Carruth, il libro rappresentò "un evento di singolare importanza, accolto come tale da un certo gruppo di lettori particolarmente consapevoli in tutto il Nord America". Hogg, tuttavia, era destinato a una seconda nascita, quasi vent'anni dopo. Nel frattempo Callaghan aveva scritto altre due raccolte di poesie: *As Close as We Came* (1982) e *Stone Blind Love* (1988). La seconda di queste raccolte si ricollegava a *The Hogg Poems and Drawings*, ampliandone il raggio d'azione già così significativo – la ricerca, da parte di un individuo, della singolarità in un mondo diviso – rafforzandone il tema centrale della speranza perduta e ritrovata. Nel 1997, Callaghan riunì i due libri, ne rivide i testi e Hogg rinacque in *Hogg: The Poems and Drawings*. Successivamente *As Close as We Came* divenne il nucleo portante di *Hogg, the Seven Last Words*, in cui Hogg esplorava le potenzialità dell'amore come seme di luce nel buco nero di ghiaccio dell'inferno, la Leningrado sovietica.

Entrambi i libri di Hogg arricchirono lo spazio dell'immaginario canadese con una visione possente che congiunge le topografie di tre disparati paesaggi urbani – Toronto, Gerusalemme e Leningrado – sovrapponendoli l'uno all'altro, fondendo il tempo che separa le loro origini storiche. La rappresentazione delle tre città è unica nella poesia canadese, perché non solo le sovrappone lungo le direttrici di "nuovo" e "vecchio", "colpito dal sole" e "bloccato nel ghiaccio", "profano" e "sacro", ma le trasforma anche, tramite l'inversione, in parodie demoniche l'una dell'altra.

La Gerusalemme di Hogg è un palinsesto di antico fervore religioso, implacabile fanatismo e trascendenza, una "Nuova Gerusalemme" mitica e mistica, con le sue porte chiuse per sempre e per sempre assalite, un luogo di differimenti. Ma è anche un luogo fatto di realtà fisica, di incontri di sensi e sensualità, di guerra, oscurità e rovina, una trappola, un'illusione e un'impossibilità. La Gerusalemme di Hogg è luogo plicable, that has eluded pilgrims for centuries, is transformed into the phenomenal, where myths appear as flesh.

Leningrad, on the other hand, is the city where history has been taken by the throat, where history and human freedom have been throttled, it is that demonic city of artifice and prisons in the land of ice that was in fact created *ex nihilo*, created out of nothing, out of seemingly bottomless swamps, a city created by an act of human vision, human will, that caused thousands of serfs to be driven to their deaths as they drove foundation piles for the future into the permafrost. It has been a place of death on stilts ever since, a city of sunny Tuscan colors in endless dark hours of endless night, especially the seemingly endless night of Stalin and the Soviet, a hellish world Hogg chose to haunt – after Jerusalem – in search for love.

Whereas Toronto – the young metropolis in the New World, a utopian mirage in the cranium of its politicians and urban planners, a glowing city of glass and steel where new pilgrims come from around the world to chase their illusions – is revealed through the voices Hogg hears, a host of street prophets and underground riders who sit down to play craps with Doctor Ded or they let Veronica wipe their faces with her cloth, the polyphony of a hybrid city, an amazing array of unofficial signs, cadences and rhythms.

All this is contained within a poetic form, the long poem, that is most appropriate for the task at hand. The journey of Hogg the pilgrim, the questing contemporary urban consciousness, requires the fluidity and the duration of the form, which Callaghan, with Hogg as his doppelganger, achieves.

The *"long poem"* phenomenon is particularly interesting and somewhat mystifying to those reading Canadian literature. It is one of Canada's more conspicuous literary genres, attracting to itself some of the most significant poets the country has produced. The reason for its sustained popularity, according to some critics, has to do with its protean, indefinable form, with its ability to continually transform itself. Its flourishing in Canada has been sometimes associated with the vastness of the country itself, with its incompleteness, its varied and diverse culture. In his 1946 essay, *The Narrative Tradition in English-Canadian Poetry*, Northrop Frye observed the frequency with which the *long poem* was attempted in Canada with remarkable success. Frye, obviously, had surveyed the period leading up to his own time, referring to the early Canadian "classics," including Oliver Goldsmith's *The Rising Village* (1834), Joseph Howe's *Acadia* (1874), Isabella Valency Crawford's *Malcolm's Katie* (1884) and E.

dove l'inesplicabile, che per secoli è sfuggito ai pellegrini, si fa fenomenico, dove i miti si fanno carne.

D'altra parte, Leningrado è la città dove la storia è stata presa per la gola, dove la storia e la libertà degli uomini sono state strozzate, è quella città demonica dell'artificio e delle prigioni nella terra del ghiaccio che è stata effettivamente creata *ex nihilo*, dal nulla, da paludi apparentemente senza fondo, una città creata attraverso un atto di umana visionarietà e volontà, che ha fatto sì che migliaia di servi della gleba venissero condotti alla morte mentre conficcavano nel permafrost i pilastri fondanti del futuro. Sin da allora è stata un luogo di morte su palafitte, una città di solari colori toscaneggianti nell'interminabile oscurità di interminabili notti, in particolare l'apparentemente interminabile notte di Stalin e del Soviet, un mondo infernale che Hogg, dopo Gerusalemme, scelse di esplorare in cerca dell'amore.

Invece, Toronto – la giovane metropoli del Nuovo Mondo, un miraggio utopico nel cranio dei suoi politici e urbanisti, una città splendente di vetro e acciaio a cui giungono nuovi pellegrini da ogni parte del mondo a inseguire le proprie illusioni – viene rivelata attraverso le voci che Hogg sente, uno stuolo di profeti di strada e cavalieri del mondo sotterraneo che si siedono a giocare a dadi con Doctor Ded o lasciano che Veronica deterga loro il viso con il suo panno, la polifonia di una città ibrida, stupefacente dispiego di segni, cadenze e ritmi non convenzionali.

Tutto ciò è contenuto in una forma poetica, il *long poem*, che è indubbiamente appropriata per il compito da affrontare. Il viaggio del pellegrino Hogg, la contemporanea coscienza urbana nella sua ricerca, richiede la fluidità e la durata della forma che Callaghan, con Hogg come alter ego, consegue.

Per il lettore di letteratura canadese, il fenomeno del poema – o, meglio, del *long poem* – è di particolare interesse e risulta alquanto sorprendente. È uno dei generi letterari canadesi più importanti, che ha attratto a sé alcuni fra i più significativi poeti di questo Paese. Secondo alcuni critici, il motivo della sua continua popolarità ha a che vedere con la sua forma proteica e mal definibile, con la sua capacità di mutare in continuazione. A volte si è associata la sua fioritura canadese alla vastità del Paese stesso, alla sua incompletezza, alla sua cultura varia e diversificata. Northrop Frye, nel suo saggio del 1946, *The Narrative Tradition in English-Canadian Poetry*, notò la frequenza con cui il *long poem* è stato sperimentato con notevole successo in Canada. Ovviamente Frye aveva esaminato il periodo a lui precedente, riferendosi ai primi "classici" canadesi, come *The Rising Village* (1834) di Oliver

J. Pratt's *Brébeuf and His Brethren* (1940). All of these poems were informed by the ideal of the European humanistic tradition. Their narrative form was a convenient vehicle for telling a story about Canada, the Canada that was still engaged in the primary task of writing itself into literary existence. Looking at these long narratives, the reader would encounter two impulses. One was directed toward the immigrant's imaginative appropriation of the physical world, focusing on the bridging of the gap between the old culture, inherent in language, literary forms and conventions, and his or her experience of the "new" land. The other impulse strove to give form and coherence to the country's short past, celebrating the power of civilization over nature and natural man. Today, nineteenth- and early twentieth-century long poems are read as discursive narratives, as representations of the myth of creation, with the national anxieties that such a myth inevitably embodies.

In contrast, the contemporary long poem, frequently identified as post-modern, is less concerned with the nineteenth-century epic ethos, the assuming of the voice of the nation, or a people, or a civilization. Likewise, it is less interested in staying put within the discursive mode, within impersonal, public speech. Instead, it shares the emotive tonalities and symbolic textures of the lyric, though resisting brevity – with the monumentality of the archetypal situation inherent in the epic, let us say, the hero's obligatory descent into the underworld. The contemporary long poem is a hybrid form, constantly under the siege of deconstruction.

It allows for cross-generic interplay, embedding into itself other forms of representation, from documents – true and apocryphal photographs, musical scores – to drawings, interviews, memoirs, etc. It can undercut the highbrow purpose of a traditional narrative with the irreverence of parody, self-parody; it can slow itself down with deferrals, with the sudden sidestepping into the unanticipated, and speed up with leaps that can join eons, collapsing time, becoming omni-directional.

The proliferation of the contemporary long poem in Canada over the past forty years has had a great deal to do with the attractiveness of the form itself, with its cross-generic nature. But also, it has to do with its closeness to the epic, one of the genres that has always been at the heart of the Western literary canon. That extraordinary inheritance – from Homer, Virgil, Dante, Ariosto, and from Milton, Wordsworth, Browning to Whitman, offers the writer familiar with the works of these poets the challenge of a new beginning, a delib-

Goldsmith, *Acadia* (1874) di Joseph Howe, *Malcom's Katie* (1884) di Isabella Valency Crawford e *Brébeuf and His Brethren* (1940) di E. J. Pratt. Tutti quei poemi erano incentrati sulla tradizione umanistica europea. La loro forma narrativa era un veicolo adatto a raccontare storie sul Canada, quel Canada ancora impegnato nel compito primario di conquistarsi un'esistenza letteraria. Se si considerano queste lunghe narrazioni, il lettore si trova dinanzi due diversi impulsi: uno volto all'appropriazione immaginativa del mondo fisico da parte dell'immigrato, teso a colmare il divario tra vecchia cultura – con relativi linguaggi, forme e convenzioni letterarie – e l'esperienza della "nuova" terra. L'altro impulso era volto a dare forma e coerenza al breve passato del Paese, celebrando il potere della civiltà sulla natura e sull'uomo naturale. Oggi, i poemi dell'Ottocento e del primo Novecento vengono letti come narrazioni discorsive, rappresentazioni del mito della creazione, con tutte le ansie nazionali che tale mito inevitabilmente incarna.

Per contrasto, il *long poem* contemporaneo, identificato spesso come post-moderno, ha meno a che vedere con l'ethos epico ottocentesco, con l'assurgere a voce della nazione o di un popolo o di una civiltà. Parallelamente, è meno interessato a rimanere all'interno della modalità discorsiva, del discorso pubblico, impersonale. Condivide invece le tonalità emotive e la tessitura simbolica della lirica, pur se ne osteggia la brevità esibendo la monumentalità della situazione archetipica connaturata all'epica, ovvero la discesa indispensabile dell'eroe nel mondo sotterraneo. Il *long poem* contemporaneo è una forma ibrida, costantemente presa d'assedio dalla decostruzione.

È aperto all'interazione fra generi, accogliendo in sé altre forme di rappresentazione, dai documenti – fotografie genuine o apocrife, spartiti musicali – a disegni, interviste, memoriali, etc. Può minare le finalità intellettualistiche della narrativa tradizionale ricorrendo all'irriverenza della parodia, della parodia di se stesso. Può decelerare attraverso differimenti, improvvise deviazioni nell'inaspettato, o accelerare con balzi che possono congiungere epoche lontanissime, facendo collassare il tempo, divenendo omni-direzionale.

Negli ultimi quarant'anni, in Canada, la proliferazione del *long poem* contemporaneo è in gran parte dovuta all'attrattiva della forma stessa, alla sua possibilità di travalicare i generi. Ma è legata anche alla sua affinità con l'epica, uno dei generi da sempre al centro del canone letterario occidentale. Tale eredità straordinaria – da Omero, Virgilio, Dante, Ariosto, come da Milton, Wordsworth, Browning, fino a Whitman – offre allo scrittore che conosce le opere di quei poeti la sfida di un nuovo inizio, di una deliberata dipartita dalle forme possenti che erate departure from the mighty forms that "stare" down at them from the heights of history. The contemporary long poem poet – according to Robert Kroetsch, a distinguished Canadian writer and literary critic – is faced with one problem, the need to honor "our disbelief in belief;" to "recognize and explore," in other words, "our distrust of system, of grid, of monism, of cosmologies perhaps, certainly of inherited stories and at the same time to write a long work that has some kind of (under erasure) unity."

Since the 1960s, the Canadian literary chronology has been regularly punctuated by the appearance of an astonishing number of long poems, all of them unhinging "inherited stories" – from Phyllis Webb's *Naked Poems*, with its linguistic sparseness and a Jungian claustrophobic enclosure, to b.p. Nichol's ten-volume poem, the *Martyrology*, which, dealing with the sanctity of words, could end only with the death of the author. Nichol's ongoing work was, as Eli Mandel described it, "a life-sentence," both life-imprisonment and a life-long poetic line. Margaret Atwood, in *The Journals of Susanna Moodie*, and Michael Ondaatje, in the *Collected Works of Billy the Kid*, revisited historical / legendary personalities and recast them as our contemporaries. In the process, they interrogated historical assumptions about two different cultures, the Canadian colonial steeped in the garrison mind-set, and the American "frontier" mentality of conquest, whether physical or neurological. Behind both poems lurk the mighty shadows of other peoples' stories. Likewise, though with a difference, behind Daphne Marlatt's *Steveston*, and Christopher Dewdney's *A Paleozoic Geology of London, Ontario*, we discern a shadow imposed by the place itself, by its historical text, its archeological / geological script. While Marlatt's poetic consciousness inhabits the *genius loci* of her long poem as if it were a living organism, in the manner of William Carols Williams in his *Paterson*, Dewdney applies the geological methodology of a scientist, turning nature, from fossil to moth, into a *dramatis persona*. And, of course, one could go on naming other poets and describing other poems, particularly those that deal with the non-European immigrant experience, such as Dionne Brand's *No Language is Neutral* or Andrew Suknaski's *East of Myloona*. The list is long and varied.

What *Hogg: The Poems and Drawings* coupled with *Hogg, The Seven Last Words* have in common with other long poems is the notion of locality and history. Callaghan's Hogg is not a displaced person looking for a place and an identity. Rather, he is locked with-

"guardano" quei poeti dalle vette della storia. Per dirla con Robert Kroetsch, insigne scrittore e critico letterario canadese, l'autore del *long poem* contemporaneo deve affrontare un problema, il bisogno di onorare "la nostra mancanza di fede nella fede", ovvero di "riconoscere ed esplorare il nostro scetticismo nei confronti di ogni sistema, griglia, monismo, forse di cosmologie, e certamente di storie ereditate; allo stesso tempo deve scrivere un testo lungo che abbia una qualche "unità" (*sous rature*)".

A partire dagli anni Sessanta, la cronologia letteraria canadese appare regolarmente costellata di un numero stupefacente di *long poems*, tutti intenti a scardinare "storie ereditate": da *Naked Poems* di Phyllis Webb, con la sua lingua rarefatta e la claustrofobica chiusura junghiana, al poema in dieci volumi di b. p. Nichol, *Martyrology*, che, incentrato sulla sacralità delle parole, poteva terminare soltanto con la morte dell'autore. A detta di Eli Mandel, l'opera, in continuo svolgimento, di b. p. Nichol fu una condanna a vita, sia come perpetua prigionia sia come perpetua versificazione. Margaret Atwood in *The Journals of Susanna Moodie* (*I diari di Susanna Moodie*) e Michael Ondaatje in *The Collected Works of Billy the Kid* (*Le opere complete di Billy the Kid*) rivisitarono personalità storico-leggendarie trasformandole in nostri contemporanei. Nel fare ciò, interrogarono presupposti storici su due diverse culture, quella coloniale canadese impregnata di atteggiamenti mentali "da guarnigione", e la mentalità americana "da frontiera" tesa alla conquista, fisica o neurologica che fosse. Dietro entrambi i poemi si annidano le ombre possenti di storie altrui. In modo simile, ma con un'importante differenza, dietro a *Steveston* di Daphne Marlatt e a *A Paleozoic Geology of London, Ontario* di Christopher Dewdney, intravvediamo l'ombra imposta dal luogo stesso, dal suo testo storico, da un copione archeologico/geologico. Mentre la consapevolezza poetica della Marlatt pervade il *genius loci* del suo *long poem* come se fosse un organismo vivente, alla maniera del William Carlos Williams di *Paterson*, Dewdney applica la metodologia geologica dello scienziato, trasformando la natura, dai fossili alle falene, in una *dramatis persona*. Ovviamente, si potrebbe continuare a nominare altri poeti e descrivere altri poemi, particolarmente quelli che hanno trattano dell'esperienza degli immigrati non europei, come *No Language Is Neutral* di Dionne Brand o *East of Myloona* di Andrew Suknaski. L'elenco sarebbe lungo e variegato.

Ciò che *Hogg: The Poems and Drawings* e *Hogg, the Seven Last Words* hanno in comune con altri *long poems* è la nozione di località e di storia. Hogg non è un profugo in cerca di patria e identità. Piuttosto, in a specific locale even when he travels elsewhere, because the locale where he situates himself is his perception of an actual place. His Toronto / Jerusalem / Leningrad is *logos poieticos*, in the Herodotean notion of history.

Like Atwood's Susanna Moodie, Callaghan's Hogg is our Gothic ancestor, someone who forcefully inscribes himself onto the Canadian landscape (he allegedly constructed a place of worship in what is today Hogg's Hollow, a suburban part of Toronto). And like Moodie, Hogg embodies what can be described as the primal Canadian immigrant experience, the white man's fear of an alien and inhospitable environment, an environment Callaghan describes as a "land of eelgrass and ice and snow." However, this is the point where the similarity between the two characters ends.

While Atwood and her Susanna Moodie are distanced because of the existence of another text – Moodie's own *Roughing it in the Bush*, a well-known first-hand dramatization of the immigrant experience – Callaghan and Hogg are hardly distinguishable from each other, the lines of their identities are blurred. Callaghan did not accommodate Hogg's "historical" voice, Hogg as a document. He created a voice for him and turned him into fiction. He metaphorically ate him; he ate the pig.

What we know of the historical James Hogg is a trace, which makes him an archetypal Canadian. He is known to have built a place of worship on his land and to have betrayed the 1837 Mackenzie Rebellion, a liberal uprising against the Tory (conservative) oligarchy. The fact that he found, as Hayden Carruth has observed, "his destiny in betrayal," influenced the poem's thematic, structural and moral make up.

Callaghan could not have chosen a more unlikely double. Hogg in his first apparition, was the "antithesis of everything I am," he has written: "Scot, ambitious farmer, Tory, and an informer…" As his doppelganger, Hogg represents Callaghan's own demons, which are our demons: the dark, tormented and vulnerable side of one's embattled psyche. The idea of betrayal, of being a traitor, is, for Callaghan, a reality lurking behind every human impulse, directed not only outward, but also inward. In betraying a cause, a revolution – Hogg also betrays himself. As the American novelist William Kennedy has suggested, Hogg is what the Irish would call "the traitor betrayed." And yet, because of his name (hog is a pig and Toronto is still called in popular terminology "Hogtown"), Hogg becomes a porcine metaphor who stands for appetite and abundance, but also è chiuso all'interno di un ambiente specifico anche quando è in viaggio, perché l'ambiente in cui si situa è la sua percezione di un luogo reale. La sua *Toronto / Gerusalemme / Leningrado* è un *logos poieticos*, nel senso erodoteo della storia.

Come la Susanna Moodie della Atwood, lo Hogg di Callaghan è un nostro gotico antenato, qualcuno che si inserisce a forza nel panorama canadese (a quanto sembra si costruì un luogo di culto dove oggi si trova Hogg's Hollow, nei sobborghi di Toronto). Come la Moodie, anche Hogg incarna quella che possiamo definire l'esperienza primordiale dell'immigrato canadese, la paura che l'uomo bianco ha verso un ambiente alieno e ostile, un ambiente descritto da Callaghan come "terra di alghe, ghiaccio e neve". Tuttavia, qui finisce la somiglianza fra i due personaggi.

Laddove la Atwood e la sua Susanna Moodie vengono distanziate fra loro dall'esistenza di un altro testo – *Roughing it in the Bush*, della stessa Moodie, una ben nota drammatizzazione di prima mano dell'esperienza migrante – Callaghan e Hogg sono poco distinguibili l'uno dall'altro, i contorni delle loro identità appaiono sfocati. Callaghan non ha incluso la voce dello Hogg storico come documento. Ha creato una voce per lui e lo ha trasformato in finzione. Metaforicamente, ha divorato Hogg; ha divorato il maiale.

Quello che sappiamo del James Hogg storico è una traccia, che lo rende un archetipo del canadese. Sappiamo che costruì un luogo di culto sulla sua proprieà e che tradì la ribellione Mackenzie del 1837, un'insurrezione liberale contro l'oligarchia Tory (conservatrice). Il fatto che, come ha osservato Hayden Carruth, egli trovasse "il suo destino nel tradimento" ha influenzato la natura morale, tematica e strutturale del *long poem*.

Callaghan non avrebbe potuto scegliere un suo alter ego più improbabile. Nella sua prima apparizione, Hogg era l'"antitesi di tutto ciò che sono", ha scritto: "un ambizioso contadino scozzese, un Tory, una spia..." In qualità di suo alter ego, Hogg rappresenta i demoni dello stesso Callaghan, che sono i nostri demoni: il lato oscuro, tormentato e vulnerabile di una psiche in guerra. L'idea del tradimento, di essere un traditore, è per Callaghan una realtà che si insinua dietro ogni impulso umano, diretto non solo verso l'esterno ma anche verso l'interno. Nel tradire una causa, una rivoluzione, Hogg tradisce anche se stesso. Come ha suggerito il romanziere americano William Kennedy, Hogg è quello che gli irlandesi chiamerebbero "il traditore tradito". E tuttavia, a causa del suo nome (*hog* significa maiale e nella terminologia popolare Toronto è ancora chiamata *Hogtown*, la città del maiale), Hogg divenfor cleverness and toughness. Hog images are sustained throughout the work, keeping it anchored in earthly experience.

Another important feature of the contemporary Canadian long poem is that of the journey. The quester – a familiar Canadian fictional type – is released into a larger world from the one he has known and outgrown so that he can map out the "geography" of his presence in time and space. The completion of the quest is signalled by the birth of a text, which in Canada, because of the country's late and colonial beginning as a nation, is of particular significance. The Canadian quest – and here Callaghan's poem is an excellent example – is a layered journey: a journey away from and towards a home, and away again. Metaphorically, the journey that Hogg undertakes, is a return from death and darkness to life and light, and from a divided world of betrayal and self-betrayal to that of wholeness and redemption, where he can claim his singularity and, in turn, recognize the singularity of his place of origin, his Toronto – and in so doing, discover that he is able to move into and through, without being broken or capitulating, an even darker world of betrayal, the betrayal of a whole social enterprise, a nation in history.

The beginning of Hogg's quest – Callaghan calls it a pilgrimage – is situated in a displaced reality, in a world of nightmares where metamorphosis and the collapse of time regulate the poet's vision. The historical Hogg, in the first instance, enters his poem – comes up for air – through the frame of rebirth. But the rebirth is, in fact, an orgiastic, sinister and humiliating sacrifice. He is crowned with a "dead pig's tit," dragged and feathered and broken with "a two-by-four." Hogg, like Christ or Osiris, is turned into a public spectacle. Because he is "a man in search of his singularity," as Callaghan describes him, he is always "thunder clapped by life" and by his "fellow men." Hauled back from the dead into the violent world of the living, the contemporized Hogg prepares to commence his quest with his own ritualistic diving into the murky waters of Lake Ontario, in what can be described as a sacramental act of cleansing. He leaves behind on the shore of desolation, decay and death "a mound of bristle and maggot."

Even though the water is cold and slimy, it feels like "ointment." As Hogg re-emerges, "crashing into the air," he "gulps down" the darkness that has surrounded him. In the act of "swallowing," he erases, at least momentarily, his past and present and relocates himself in Jerusalem, on a new ground where the word is said to be Holy, ground he must traverse.

ta una metafora porcina che indica appetito e abbondanza, ma anche ingegnosità e tenacia. L'intero testo si regge su immagini suine che lo tengono ancorato all'esperienza terrena.

Un altro importante elemento del *long poem* canadese contemporaneo è il viaggio. Il cercatore – personaggio familiare dell'immaginario canadese – è posto in un mondo più vasto di quello in cui è cresciuto e da cui si è liberato per poter tracciare una mappa della "geografia" della propria presenza nel tempo e nello spazio. Il completamento della ricerca è segnalato dalla nascita di un testo che in Canada, nazione dall'esordio tardivo e coloniale, è di particolare rilevanza. La ricerca canadese – e in questo il testo di Callaghan è esemplare – costituisce un viaggio stratificato: un viaggio insieme di allontanamento e di avvicinamento alla propria terra, seguito da un nuovo distacco. Metaforicamente, il viaggio intrapreso da Hogg è un ritorno dalla morte e dalle tenebre alla vita e alla luce, e da un mondo diviso di tradimenti e auto-tradimenti a un mondo di integrità e redenzione in cui Hogg può rivendicare la propria individualità e, in cambio, riconoscere la specificità del suo luogo di origine, la sua Toronto. Ciò facendo, può scoprire di saper penetrare e attraversare, senza soccombere o capitolare, un mondo ancor più oscuro di tradimenti, il tradimento di un'intera impresa sociale, una nazione nella storia.

Gli inizi della ricerca di Hogg – definita da Callaghan come pellegrinaggio – sono situati in una realtà dislocata, in un mondo di incubi in cui la metamorfosi e il collassare del tempo regolano la visione del poeta. Nella sua prima apparizione, lo Hogg storico entra nel suo poema – emerge a respirare – attraverso la griglia della rinascita. Tuttavia, di fatto, tale rinascita è un sacrificio orgiastico, sinistro e umiliante. Viene incoronato "con la tetta di una scrofa", trascinato, coperto di piume e bastonato "con una trave". Come Cristo o Osiride, Hogg è trasformato in uno spettacolo pubblico. Poiché è "un uomo alla ricerca della propria singolarità", come lo descrive Callaghan, è sempre "colpito dai fulmini scagliati su di lui dalla vita" e dai suoi "simili". Ripescato dal mondo dei morti al violento mondo dei vivi, Hogg reso contemporaneo si appresta a iniziare la sua ricerca tuffandosi in modo rituale nelle acque torbide del Lago Ontario in quel che si può descrivere come un atto sacramentale di purificazione. Si lascia dietro, sulla spiaggia di desolazione, putredine e morte, "un cumulo di setole e larve".

Pur se fredda e fangosa, l'acqua pare un "unguento". Mentre riemerge, "sbattendo contro l'aria", Hogg "ingurgita" l'oscurità da cui è avvolto. Nell'atto di "inghiottire" cancella, almeno per un istante, il suo

The blank pages that lie before him (each a land of privation) are now sites upon which his relationship with a woman of the place matures into a consummate love affair. Presented in a sequence of intensely lyrical love poems unlike anything that can be found in the usually timid Canadian repertoire, the privacy of such a relationship begins to suggest entrapment. The more Hogg wants to protect the interiority of the relationship from any outside interference, that is, the lovers' overwhelming world, the closer he comes to arresting his quest, which is far from over.

He must be moving on along that obligatory trajectory imposed by the long poem that passes through the "underworld," where the protagonist's true self is tested. Love, which propels this first of Hogg's journeys, is rich, dark, and above all, ambiguous; while the love that propels the third of Hogg's journeys is again rich, dark, but very dangerous and even more ambiguous; these are not the loves found in a romance quest. These are, to quote William Kennedy, "achingly real, indissoluble – loves that will go nowhere but forever." The women with whom Hogg falls in love, though both will betray him (one to her tribe in Jerusalem, the other to her state in Leningrad), are not stereotypical temptresses, mere objects of male desire. They are active presences who give and take, are capable of transgression but also of fierce loyalty. They completely occupy their environments, assimilate to themselves all their contradictions. They are the place – each a place that has entered our imagination as both heavenly (hellish) and terrestrial and they give Hogg the keys to enter their true dimension.

In one of the central poems of the first journey, *And So to Bed*, the lover, as Eve, sees that light is simply an absence of darkness, and the other way around, too. Adam is God's dark side. The second Adam, who enters the poem to hang himself in the first Adam's stead, reinforces Callaghan's idea that the two are inseparable, that the sinners and the sinned against are part of the same circle, that the divine/mythical cannot be disentangled from the human pointless.

The love lyrics in this section are interspersed with poems that are a template for all his journeying, poems that annotate Hogg's acute capacity for observation. In this first instance, Jerusalem the place as seen from his singular point of view. Hogg's voice shifts as he wanders through the labyrinthine pathways of the ancient city, it modulates itself from being irreverently loud to contemplatively hushed. The place comes alive with strange characters, powerful passato e il suo presente e si ritrova a Gerusalemme, in una nuova terra dove la parola è ritenuta Sacra, una terra che deve attraversare.

Le pagine bianche che gli appaiono dinanzi (ciascuna una terra di privazione) sono ora siti in cui i suoi rapporti con una donna del luogo maturano in una storia d'amore consumato. Presentata in una sequenza di intense liriche d'amore senza paragoni nel repertorio canadese, solitamente meno audace, l'intimità di tale rapporto comincia a evocare l'idea di una trappola. Più Hogg cerca di proteggere l'interiorità di quel rapporto da ogni interferenza esterna, e cioé dal mondo travolgente degli amanti, più si avvicina al termine della sua ricerca, che è ben lungi dall'essere conclusa.

Deve proseguire lungo la traiettoria imposta dal *long poem* che passa attraverso gli "inferi", in cui l'io autentico del protagonista viene messo alla prova. L'amore che mette in moto il primo dei viaggi di Hogg è intenso, oscuro e soprattutto ambiguo, a differenza dell'amore che mette in moto il terzo viaggio, anch'esso intenso e oscuro, ma molto pericoloso e ancora più ambiguo, ben lontano dalla ricerca amorosa del *romance*. Per citare William Kennedy, questi amori sono "dolorosamente reali, indissolubili – amori che non portano da nessuna parte, ma eterni". Le donne di cui Hogg si innamora, pur se entrambe lo tradiranno (una per la propria tribù a Gerusalemme, l'altra per lo Stato a Leningrado), non sono tentatrici stereotipate, meri oggetti del desiderio maschile. Sono presenze attive che danno e prendono, capaci di trasgressione ma anche di tenace lealtà. Le due donne occupano interamente il loro ambiente, assommano in sé tutte le loro contraddizioni. Esse *sono* i luoghi, luoghi entrati nel nostro immaginario come paradisiaci, infernali o terreni. Forniscono a Hogg le chiavi per accedere alla loro vera dimensione.

In una delle poesie centrali di questo primo viaggio, *E ora a letto*, l'amata, come Eva, vede che la luce altro non è che assenza di oscurità, e viceversa. Adamo è il lato oscuro di Dio. Il secondo Adamo, che entra nella poesia per impiccarsi al posto del primo, rinforza l'idea di Callaghan che i due sino inseparabili, i peccatori e quelli contro cui si pecca fanno parte dello stesso cerchio, che il divino/mitico non si può districare dal futile umano.

In questa sezione, le liriche d'amore sono intervallate da poesie che sono ognuna un modello di tutti i suoi viaggi, poesie che trascrivono l'acuta capacità di osservazione di Hogg. In questo primo viaggio, Gerusalemme come luogo è vista dal suo personale punto di vista. La voce di Hogg cambia mentre vaga per i sentieri labirintici della città antica e si modula passando dai toni chiassosi e irriverenti a quelli consmells, exotic foods, mysterious sounds, unexpected colour schemes. The entire city, though real in its particulars, is like a mirage. Hogg's forward peregrination expands referentially (this is the basic technique of the whole of the Hogg "poems"). City streets are accounted for and places of worship are named – we walk along The Street of Chains or witness a scene at the hillside cairn for Saint Eulalia of the Severed Breast. The lyrical moves into the documentary; the self-referential becomes historical; the margins that separate the present from the past are erased. Hogg's attention, focused on the present, keeps dissolving as he introduces us to his reading of past texts. In the poem *The Emperor's Imperial Beak*, he leads us through Suetonius's fragment into the nightmarish vision of Flavius Titus' defeat of Jerusalem: "Centurions sealed the gates with molten lead / and of the dangling, paltry dead / they made a hanging garden." The only way to bring the past closer is by erasing the distance that separates us from it, thereby collapsing time. In Callaghan's Jerusalem (looking forward to Callaghan's Leningrad), everything occurs simultaneously.

In the Toronto section, Hogg is back home, a home he must still reclaim and repossess. The obligatory underworld trajectory in this section is transposed into an actual descent into the bowels of Toronto, which has been called "a whale of a city." The subterranean world of the recently built subway line provides Callaghan with a rich metaphor and ready-made structural principle. The subway not only connects the northern outskirts of Toronto – Hogg's place of origin, known today as Hogg's Hollow – with Lake Ontario, the city's southernmost boundary where Hogg began his descent, but it also serves as a contemporary *via dolorosa*. The subway stations are the Stations of the Cross, which Hogg must now traverse in order to strengthen his faith in himself, his place and his time. The purgatorial journey is a form of prayer, echoing, at this point, more laudably the Christian mythopeic ethos. At the same time, the poem becomes broader in scope – it embraces a larger social vision of the city, reflecting Hogg's expanding consciousness. Hogg's personal quest assumes epic proportions by foregrounding the multiplicity of voices that make up the story of the city, by figuratively becoming himself the city. Toronto is no longer just a geographical site, but also a linguistic one, a place of multiple meanings encoded in the ways its citizens speak. In *Judas Priest* Callaghan shows an extraordinary ability to re-create authentic voices that belong to their speakers, who themselves belong to the templativi e sommessi. Il luogo prende vita attraverso personaggi strani, odori possenti, cibi esotici, suoni misteriosi, inattese combinazioni di colori. Pur se reale nei suoi dettagli, l'intera città appare come un miraggio. La peregrinazione di Hogg prosegue e si espande in modo referenziale (tecnica basilare dell'intera serie delle poesie di Hogg). Le vie urbane vengono elencate e i luoghi della fede chiamati per nome – percorriamo la Via delle Catene o siamo testimoni di una scena al tumulo di pietre grezze sul fianco della collina in onore di Sant'Eulalia dal Petto Mutilato. Il lirico sfocia nel documentaristico; l'autoreferenziale si fa storico; i margini che separano passato e presente vengono cancellati. L'attenzione di Hogg, focalizzata sul presente, continua a dissolversi mentre ci introduce alla sua lettura di testi del passato. Nella poesia *The Emperor's Imperial Beak* ci conduce attraverso un frammento di Svetonio fin dentro la visione da incubo della sconfitta di Gerusalemme ad opera di Tito Flavio Vespasiano: "I centurioni sigillarono le porte con piombo fuso / e con i morti appesi, insignificanti, / fecero un giardino pensile". Il solo modo per renderci il passato più vicino è di cancellare la distanza che ci separa da esso, facendo così collassare il tempo. Nella Gerusalemme di Callaghan (anticipando la sua Leningrado) tutto accade simultaneamente.

Nella sezione ambientata a Toronto, Hogg è di nuovo nella sua terra, una terra che deve ancora rivendicare e ripossedere. Il percorso obbligatorio nel mondo degli inferi è stavolta trasposto in una vera e proria discesa nelle viscere di Toronto, che è stata definita "una città balena". Il mondo sotterraneo della metropolitana, di recente costruzione, fornisce a Callaghan una possente metafora e un principio strutturale *ready-made*. La metropolitana non si limita a collegare i sobborghi settentrionali di Toronto – e quindi il luogo di origine di Hogg, oggi noto come Hogg's Hollow – con il Lago Ontario, estremo confine meridionale della città dove Hogg iniziò la sua discesa, ma si trasforma anche in una moderna *via dolorosa*. Le stazioni del metrò sono le Stazioni della Croce che Hogg deve ora percorrere allo scopo di rafforzare la fede in se stesso, nel suo luogo e nel suo tempo. Il viaggio purgatoriale costituisce una sorta di preghiera che riecheggia a questo punto, a mo' di lode, l'ethos mitopoietico cristiano. Contemporaneamente, la poesia assume un più vasto respiro, abbraccia una più ampia visione sociale della città, riflettendo l'allargarsi della consapevolezza di Hogg. La ricerca personale di Hogg assume proporzioni epiche portando in primo piano la molteplicità di voci che compongono la storia della città, e lui stesso, figurativamente, *diventa* la città. Toronto non è più solo luogo geografico ma anche luogo linguistico dai molteplici significati world seldom visited by most of us and even more seldom acknowledged as real. Hogg's ear hears for us, and by letting us hear what he hears he transforms absence into presence.

Toronto is not a fixed ground. As we pass with Hogg, our trusted guide, through Toronto's underworld stations, a whole new world takes its place next to the one we have known, revealing what Adele Freedman has described in her review of the first Hogg, a Felliniesque carnival of "characters afflicted with inner-city madness."

Although the characters of the underworld are on some level distortions and deformations of the daylight reality, they are mostly parodic emanations of a sanitized vision of life embodied by Western man's obsessions. Characters like Hell's Belle, John the Conqueroo Decatur, Bad Blood Jeremiah Stuck, and so on, are really only "freaks" in the Rabelaisian sense, whose main function is to invert and remake public norms. Although marginalized by the dominant forms of culture, Hogg reconstitutes them into a kind of wholeness he has been searching for because he realizes that heaven and this purgatorial route occupy the same space, that one is a parody of the other, intimating – as Hogg achieves a breath of fresh air again at Union Station – that hell, the real hell on earth – is a place that only the man who has made himself "whole" has the strength to confront, in a daring attempt to achieve love even while under the all-seeing Eye in the Sky of evil, the Little Father, Stalin.

By looking back, we can see that we have travelled through a vibrant, diverse, riven and yet undivided world, a world in which we have come to know what Judas Priest had told Hogg – Jesus had known that "built into love is betrayal, but it is in this betrayal that the beautiful is begun… that the essence of life is not mendacity but complicity, that we are all Judas and Jesus Himself in one." Hogg, having come up into the light out of his dark wanderings through locale and psyche, time and again stands before us cleansed of self-pity.

Callaghan has created an extraordinary long poem, a work of mythopoeic magnitude that is located within the passions and anxieties of contemporary reality.

codificati nei modi in cui parlano i suoi abitanti. In *Judas Priest* Callaghan rivela una capacità straordinaria di ricreare voci autentiche appartenenti a specifici parlanti, i quali a loro volta appartengono a un mondo che noi raramente abbiamo visitato e che ancor più raramente riconosciamo come reale. L'orecchio di Hogg sente per noi e, facendoci sentire quel che sente, trasforma l'assenza in presenza.

Toronto non è uno scenario statico. Mentre passiamo con Hogg, nostra guida fidata, attraverso le stazioni del mondo sotterraneo di Toronto, un intero Nuovo Mondo prende posto accanto a quello da noi conosciuto, rivelando ciò che Adele Freedman ha descritto nella sua recensione del primo Hogg: un carnevale felliniano di "personaggi afflitti da una pazzia da centro urbano".

I personaggi del mondo sotterraneo sono, in certa misura, distorsioni e deformazioni della realtà diurna. Tuttavia, essi sono per lo più emanazioni parodiche di una visione epurata della vita, incarnata dall'uomo occidentale con tutte le sue ossessioni. Personaggi come Belle dell'Inferno, John the Conqueroo Decatur, Jeremiah Bad Blood Stuck e altri, sono in realtà solo figure caricaturali nel senso rabelaisiano, la cui funzione principale è di capovolgere e riscrivere le norme pubbliche. Hogg li riscatta dalla loro posizione marginale rispetto alle forme dominanti della cultura, conferendo loro una sorta di integrità, quell'integrità che lui stesso ha a lungo cercato: egli comprende che paradiso e purgatorio occupano il medesimo spazio, che l'uno è la parodia dell'altro. Nel momento in cui riemerge a respirare un po' d'aria fresca alla Union Station, Hogg sembra suggerire che l'inferno, il vero inferno sulla terra, è un luogo che solo chi è riuscito a farsi "integro" ha la forza di affrontare, in un audace tentativo di trovare l'amore persino sotto l'onniveggente Occhio nel Cielo del Male, il Piccolo Padre, Stalin.

Volgendoci indietro, scopriamo di aver viaggiato attraverso un mondo vibrante, multiforme, lacerato e tuttavia ancora indiviso, un mondo in cui abbiamo scoperto quanto Judas Priest rivelò a Hogg – "quel che Gesù sapeva più di ogni altra cosa": "connaturato all'amore è il tradimento, / [...] l'essenza del tutto / non è la mendacità, / ma la complicità perché se Giuda e Gesù sono Uno, / se il tradimento / è principio di bellezza, allora non solo Giuda / è in te, / ma anche Gesù." Riemerso alla luce dall'oscuro peregrinare nei luoghi e nella psiche, Hogg torna ogni volta a ergersi davanti a noi purificato da ogni autocommiserazione.

Callaghan ha creato un *long poem* straordinario, un'opera dall'afflato mitopoietico, che investe in pieno le passioni e le ansie della realtà contemporanea.

Barry Callaghan

Hogg

The Hatching of Hogg

Hogg came up for air.
Before he was half out of his hole they got him,
lugged him along the killing floor, yellow lips,
jawing how he was the wrong one. Bearing icons
and tar the headman came and blew him a kiss.
In due accordance with the law they feathered him
and broke his legs. His crown was a dead pig's tit.
And then, the casting of lots for his limbs.
When he cried out, "Christ-quisling," they thunder-
clapped him with a two-by-four, roped him up
by the arms between the two trees and nailed
this inscription to his jaw-bone latch:
HERE HANGS THE KING OF THE HATCHING DEAD.

La schiusa di Hogg

Hogg emerse a respirare.
Prima che fosse fuori dalla buca per metà, l'afferrarono
e lo trascinarono lungo il pavimento del mattatoio, con le labbra gialle,
mentre replicava che era quello sbagliato. Con icone
e catrame venne il capo che gli mandò un bacio.
Come prescritto dalle leggi lo copersero di piume,
gli spaccarono le gambe. Per corona la tetta di una scrofa.
Poi se ne tirarono a sorte le membra.
Quando gridò, "Cristo traditore", lo percossero
con una trave, lo legarono
per le braccia tra due alberi e gli inchiodarono
questa iscrizione all'attaccatura della mandibola:
QUI È APPESO IL RE DEI MORTI CHE SI SCHIUDONO.

On the Abu Gosh Road

On the Abu Gosh road under a cold rain
Hogg met a man taking names, who had the enamelled eye
of the mole who never sleeps and Hogg called out: "God has shed me,
like a lie in the grass: – when I opened my hand
and took the wound, there was no blood, only sand." And then,
the intimate, unexpected kindness of the touch of his hand on
[Hogg's cheek,
"Take shelter at the convent of the Holy
Spasm, two kilometers by the hook in the road. You'll find the monks
in their prayer circle. Always walk, my child, on the rain side
of the road." And there was
as Hogg walked a comfort in the sound of water running over stones. Soon,
through the black eucalyptus, he could see the crusader stone walls
of the monastery. The monks hung his cloak
and huddled him in blankets. Though the smoke unravelled under
[the roof
into as many ropes as there were men, they kept a porcelain air
of calm and propriety as they gathered quietly
around the oaken supper table. There, the elder Alexis was reading
the Friday Book Of The Hours, the penitential cup of sour wine
was passed, and, in the pewter
drone of piety each intoned: "God save us from ourselves ..."
They ladled out bowls of boiled lamb and talked of Hogg's rescue
on the road to Gerusalamne.

we do not forget
that Seth
brother to Able and Kain,
planted the tree of mercy
in the mouth
of dead
Adam

nor
that
the Sepulchre
is a ship becalmed

Sulla strada di Abu Gosh

Sulla la strada di Abu Gosh, sotto una pioggia fredda,
Hogg incontrò un tipo che annotava nomi, con gli occhi smaltati della talpa che non dorme mai, e Hogg esclamò: "Dio si liberò di me,
come di una menzogna, sull'erba: – quando aprii la mano e accolsi la piaga, non c'era sangue, ma sabbia solamente". E poi, la gentilezza intima, inattesa, del tocco della sua mano sulla
[guancia di Hogg,
"Riparati al convento del Santo Spasimo, due chilometri dopo la curva della strada. Troverai i monaci in cerchio a pregare. Cammina sempre, figlio mio, sul lato piovoso della strada". E mentre Hogg
camminava gli era di conforto il suono della pioggia che cadeva sulle pietre. Presto, tra gli eucalipti neri, poté scorgere le mura di pietra del monastero
dei crociati. I monaci appesero il suo mantello, e avvolsero Hogg in coperte. Pur se sotto il soffitto si dipanavano cordoni di fumo, tanti quanto erano i monaci, questi serbavano un aspetto diafano
di calma e decoro nel raccogliersi in silenzio attorno al tavolo di quercia per la cena. Lì, l'anziano Alexis lesse il Libro delle Ore del Venerdì, venne passato il calice penitenziale di vino agro
e, nel bordone di peltro della devozione, intonarono tutti. "Dio ci salvi da noi stessi..." Scodellarono il lesso di agnello e si misero a parlare di come salvare Hogg
sulla strada per Gerusalamne.

noi non scordiamo
che Seth,
fratello di Abele e Caino,
piantò l'albero della misericordia
nella bocca
del defunto
Adamo

né
che
il Sepolcro
è una nave in bonaccia

and many have died
of thirst
in the Sea of Gerusalamne

and
it is said
that the Sea of Ezekial
can be found by divining fork
and lies northeast
under
The Tower Of The Stork

the Hasidim
call those waters
The Abyss
and await
the risen spring
sign of the
Messiah

until
that time
Gerusalamne is a sea of stone,
this condemnation
is found in
Zachariah

so you go you see
to a city
suspended somewhere
between prayer
and the hanging rope

where most men
have
the faith
but few
have hope

and the most abrasive
lie
is the perturbed
loving
look in the eye

In the morning Hogg purchased from their weaving room
camlet cloth and silk and a medieval guidebook that provided
pilgrims with the Hebrew words for: "Woman, let me sleep with you,
I will give you gold." Then down the cactus
and hollyhock row to the straight of the road, past the countrymen
in their pyjamas, past the grove of pepper trees, where again
he met his mole man, inert, cross-legged
in front of his plastered hutch: "My name is Machpelah. At night

e molti sono morti
di sete
nel Mare di Gerusalamne

e
si narra
che il Mare di Ezechiele
si può trovare con bacchetta da rabdomante
e sta a nord-est
sotto
La Torre della Cicogna

i Chassidim
chiamano quelle acque
L'Abisso
e attendono
che arrivi la primavera
segno del
Messia

sino
ad allora
Gerusalamne sarà un mare di pietra,
tale condanna
si trova
in Zaccaria

così tu, vedi, vai
in una città
sospesa da qualche parte
tra la preghiera
e la corda dell'impiccato

dove i più
hanno
la fede
ma pochi
la speranza

e la menzogna
più caustica
è lo sguardo
amorevole
eppur turbato

La mattina seguente, Hogg acquistò nella loro sartoria seta, stoffa di cammello e una guida medievale che insegnava ai pellegrini come dire in ebraico: "Donna, fammi venire a letto con te,

ti darò dell'oro". Poi, scese tra i cactus e il filare di malvarosa fino al rettilineo della strada, oltre contadini in pigiama, oltre il boschetto di alberi del pepe, dove

rincontrò il suo uomo talpa, inerte, a gambe incrociate davanti al suo tugurio intonacato: "Mi chiamo Machpelah. Di notte bacio la

I kiss the candle flame, and at dawn am risen on my way. I go
to Gethsamane to recover the foundation
stone. You and you alone must get thee before me, foretelling
at the gates how I will walk out of the place of the dead, and you,
after the dance of Salomé, will lose your head."
He gave Hogg grapes and a keffiyeh to keep the sun from his neck,
and then a sudden pleading sigh: "You are the one? More and more
they come along this road so ill-prepared to die."

fiamma della candela, e all'alba mi metto in cammino.

Vado al Getsemani a ritrovare la pietra della fondazione. Tu e soltanto tu devi giungerci prima di me, predicendo alle porte della città come io uscirò dal luogo dei morti, e tu, dopo la danza di Salomé, perderai la testa".

Porse a Hogg dell'uva e una kefiah per proteggersi il collo dal sole, e poi, con un sospiro improvviso e supplicante, disse: "Sei tu il pre-
[scelto? Sempre più
ne passano per questa strada così impreparati alla morte".

Hogg Meets a Woman

Alone
in the upper room
of Hotel Tarshish
he set on an oaken bench
a supper of bread
and olives and oil, small
bottles of araq, a pair
of doves roasted and done
with a stuffing of grapes
and eggplant. Alone
in the upper room
with the windows open
and a desert wind
on the swerve
of her bare

shoulders, they studied
the sailing map
in her palm and found
the gospeller in his crow's
nest, crying:
"Fear not,
daughter of Jerusalem,
thy king will
come,
mounted on a young ass."
Alone
in the upper room
he bathed her feet with wine
and she took his body,
and bit his mouth for the blood.

Hogg incontra una donna

Soli
nel cenacolo all'ultimo piano
dell'Hotel Tarshish
lui approntò su una panca di quercia
una cena a base di pane
olive e olio e
bottigliette di araq, una coppia
di colombe arrosto
farcite d'uva
e melanzane. Soli
nel cenacolo all'ultimo piano
con le finestre aperte
e il vento del deserto
nell'incavo
tra le sue spalle

nude, studiarono
la carta nautica
sul palmo di lei e scopersero
l'evangelista nelle sua coffa
di vedetta, gridare
"Non temere,
figlia di Gerusalemme,
il tuo re,
verrà,
in groppa a un'asinella."
Soli
nel cenacolo all'ultimo piano
le lavò i piedi col vino
e lei prese il suo corpo,
e gli morse a sangue la bocca.

Sleepwalker

He fell asleep
and woke up on his feet
so much in love
the heart behind his rib
had no cage,
ageless.
The moon lay cracked open
on the floor,
a spot of blood in the yolk.
An old adage:
pain and pleasure are two bells,
if one sounds, the other knells.

Sonnambulo

Si addormentò
per risvegliarsi in piedi
così innamorato
che il cuore dietro la costola
era privo di gabbia,
privo di età.
Giaceva rotta la luna
sul pavimento,
un tuorlo macchiato di sangue.
Così recita un vecchio adagio:
le campane della gioia e del dolore vanno assieme in sorte:
se una suona a festa, l'altra suona a morte.

The Gift of Tongue

He lay on the shelf
of stone in the valley

of Kidron. It was
the dead of night.

His neighbors, scattered
among the weeds of

Oliver Hill, were common
headstones, their bones

the calligraphy of a final
hour. But he and his

woman were naked and
ignored the language

of moss along the bone,
and all grief, calumny,

rage, fell from his eyes
when she knelt and gave him

the gift of tongue. So too,
the moon swallowed

the sun. His cry named
her and in reply

they heard the muezzin
in his minaret,

that stone shaft into
the mouth of god.

Il dono della lingua

Giaceva su un gradone
di pietra nella valle

di Kidron. Era
notte fonda.

I suoi vicini, sparpagliati
tra le erbacce del

Monte degli Olivi, erano semplici
lapidi, le loro ossa

la calligrafia dell'ora
finale. Ma lui e la sua

donna erano nudi e
ignoravano il linguaggio

del muschio lungo le ossa
e ogni pena, calunnia,

rabbia, gli caddero dagli occhi
quando lei si inginocchiò e gli fece

dono della lingua. Così
anche la luna ingoiò

il sole. Con un grido pronunciò
il nome di lei e in risposta

udirono il muezzin
al minareto,

quell'asta di pietra
nella bocca di dio.

And so to Bed

God, in a word, was light,
Adam, in deed, was dark,
the silhouette
of Himself.
Eve, for a lark,
split
the syllable,
and did a dance
under the rib of death
that left Adam,
already out a bone, out of breath.
"At least you're his dark side."
When they refused to atone
God shed a single tear,
a stone, and said,
"Out you go, you'd be better off dead."
Bereft, abandoned
of all hope
(Eve was busy birthing in her bed),
Adam tried another tree
and a rope,
anchoring his feet
with the tear
to get the job done,
but then he saw
a second Adam,
god in another guise
on a far hill.
Adam looked into his face,
into his eyes.
"Imitation has the grace of flattery,"
he said, feeling wise.
He climbed down from his tree,
cast the tear in the sea.
"It gave me a strange thrill,"

E ora a letto

Dio, in una parola, era luce,
Adamo, di fatto, era oscurità:
la sagoma
di Lui in persona.
Eva, per gioco,
spaccò
la sillaba
e danzò
sotto la costola della morte
che lasciò Adamo,
privo già di un osso, privo pur di fiato.
"Almeno tu sei il suo lato oscuro."
Quando si rifiutarono di espiare
Dio versò una lacrima soltanto,
una pietra, e disse,
"Fuori da qui, meglio sarebbe per voi essere morti".
Ripudiato, abbandonata
ogni speranza
(con Eva a letto intenta a partorire),
Adamo provò un albero diverso
e una corda,
ancorandosi i piedi
alla lacrima
per terminare l'opera,
ma poi vide
un secondo Adamo,
dio in altro sembiante,
su un colle in lontananza.
Adamo scrutò quel viso,
quegli occhi.
"L'imitazione ha la grazia dell'adulazione",
disse, scoprendosi saggio.
Scese dall'albero,
gettò la lacrima nel mare.
"Mi ha dato un brivido strano",

he told Eve,
"seeing him dead, almost sexual,
as he hanged himself
in my stead."
She rolled her eyes.
"Heresies come, heresies go,
but thank god for small mercies,
you're still alive,"
and she brought him to bed.

disse a Eva.
“quasi erotico, il vederlo morto,
appeso
al posto mio”.
Lei roteò gli occhi.
“Le eresie vanno e le eresie vengono,
ma grazie al cielo, se non altro,
sei ancora vivo”,
e se lo portò a letto.

A Wound of Light

Two soldiers protecting tourists
from homeless children
running loose in the streets,
cradled their guns as Hogg,
with his reddish hair,
knelt in the sun
and pulled a stem
of mustard
from between the paving stones.
"Christ was an acrobat," he said, "reaching
for what was not there,
his Father's forgiveness,
but if Jesus could try to pray,
then why not me?
He left this world lunatic with the despair
of millions watching by night for angels
in parachutes.
But only spiders fill the air
with their nets
and I hear
the clack clack clacking
of a blind man's cane.
It is my heart.
I can see the bones in my hand,
pink, with petals
in the branches of all the veins.
The torn root
I hold
is
a wound of light,
a flower for the unforgiving."

Piaga di luce

Due soldati proteggevano i turisti
dai ragazzi di strada
che scorrazzavano per le vie,
stavano con il fucile in braccio quando Hogg,
dai capelli rossastri,
si inginocchiò in pieno sole
e sradicò uno stelo
di senape
tra le pietre del selciato.
"Cristo era un acrobata," disse "proteso
verso ciò che non c'era,
il perdono del Padre,
ma se Gesù poté provare a pregare
perché non posso farlo io?
Lasciò questo mondo, folle di disperazione
di quelli che a milioni, la notte, aspettano di vedere angeli
paracadutarsi.
Ma solo i ragni riempiono l'aria
con le loro tele
e io sento
il ticchettare
del bastone di un cieco.
È il mio cuore.
Riesco a vedermi le ossa della mano,
rosa, con petali
tra i rami delle vene.
La radice strappata
che tengo in mano
è
una piaga di luce,
un fiore per colui che non perdona".

The Emperor's Imperial Beak

Titus, who was the darling of the human race,
thought the day wasted when he had
not made a friend.

SUETONIUS

So, he came, absorbed by the tall
grass along the road and how green it was in the sun,
Flavius Titus, and in the month of Av, it was done.
Pick-ax, wallop, into the belly of rebellion.
The zealot's empty eye-pouch a medallion
of defeat. Centurions sealed the gates with molten lead
and of the dangling, paltry dead
they made a hanging garden. An infantry of owls
picked the bones clean. Oil, sacred towels,
incense in offertory dishes, these did no good.
Where once the prophet stood,
an old crone consulted a dog's eye and found no meaning.
She spat at Caesar's soul in the fire and entered, keening,
into colloquy with God, face to the wall.

Il rostro imperiale dell'Imperatore

Tito, che era il prediletto della razza umana,
pensava che la giornata sarebbe stata sprecata
se non si fosse contratta una nuova amicizia.
SVETONIO

Così, egli giunse, assorto nell'erba
alta lungo la strada, e in quanto fosse verde al sole,
Flavio Tito, e nel mese di Av tutto accadde.
Picconi, colpi secchi, nel ventre della ribellione.
L'orbita vuota dello zelota come medaglione
di una sconfitta. I centurioni sigillarono le porte con piombo fuso
e con i morti appesi, insignificanti,
fecero un giardino pensile. Una fanteria di rapaci
li spolpò fino all'osso. L'olio, le bende sacre,
l'incenso nei piatti delle offerte, non servirono a nulla.
Là dove un tempo stava il profeta,
una vecchia megera consultava l'occhio di un cane senza trovarvi un senso.
Sputò all'anima di Cesare nel fuoco eterno ed entrò, nel cordoglio,
a colloquio con Dio, la faccia rivolta al muro.

Skull Hill

Burning, the women smell
of must and sour milk. Burning, the bones

of dead birds in the roofgutter.
Burning, the cairns, the crypts, the towers

of silence, and the Lord himself locked
within stone, and the water locked within stone,

and here the hand-print of the Sheik of the Jews,
Ibrahim, and here the slaughter-stone for his son

under the Dome of Saladin, blood, stone,
rubble and burning stone, and how they have

gone down, crowded, into the crypts and cairns
and muddle of the common boneyards:

gone down the Imperial Beak,
gone down Bishop Arculf and Saewulf,
gone down the Perfumers of the Rock and the Kadi of the Mount,
gone down Tancred and Baldwin and Blake's vision of Skull Hill,
gone down Montefiore and Rabbi
Yosef Warsawe and Rabbi el Bagdadee,
gone down Halebim of Aleppo and al-Ghazzali,
gone down to the Vale of Gihone,
gone gone with stone anointing lamps to the caves
on the road
to the sea:
only watchmen remain on the walls,
and in the chapel of Veronica there are
loan-sharks with whips of hippopotamus hide,
and on one's sleeve, the supplicant from the Sepulchre:
"See the blind stair, that's where
Christ leapt upon his cross;
and close by, Mr. Hogg, the best
coffee in Jerusalem."

Senza titolo, matita e acquerello su carta 49x34,4
Untitled, pencil and water-colour on paper 49x34,4

Senza titolo, matita su carta 24x22
Untitled, pencil on paper 24x22

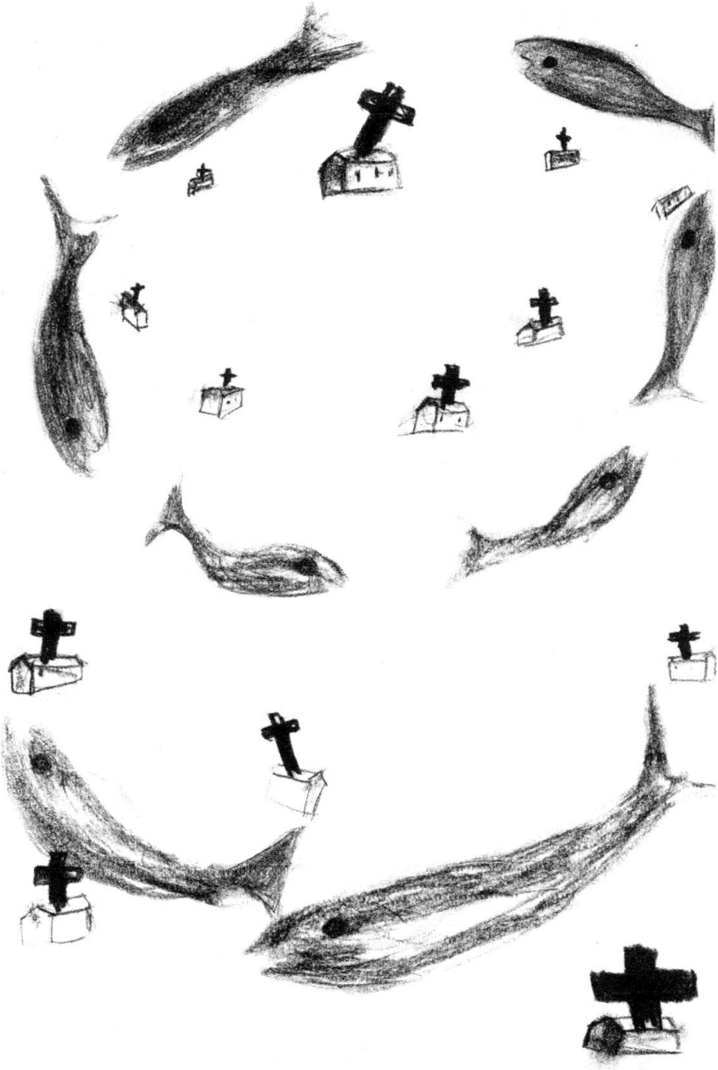

Senza titolo, matita e carboncino su carta 32x15
Untitled, pencil and charcoal on paper, 32x15

Senza titolo, matita su carte 24x23
Untitled, pencil on paper, 24x23

Senza titolo, matita su carta 23,8 x15
Untitled, pencil on paper, 23,8x15

Senza titolo, carboncino su carta 20,5 x 27
Untitled, charcoal on paper, 20,5x27

Senza titolo, matita e carboncino su carta 17,5x12,6
Untitled, pencil and charcoal on paper, 17,5x12,6

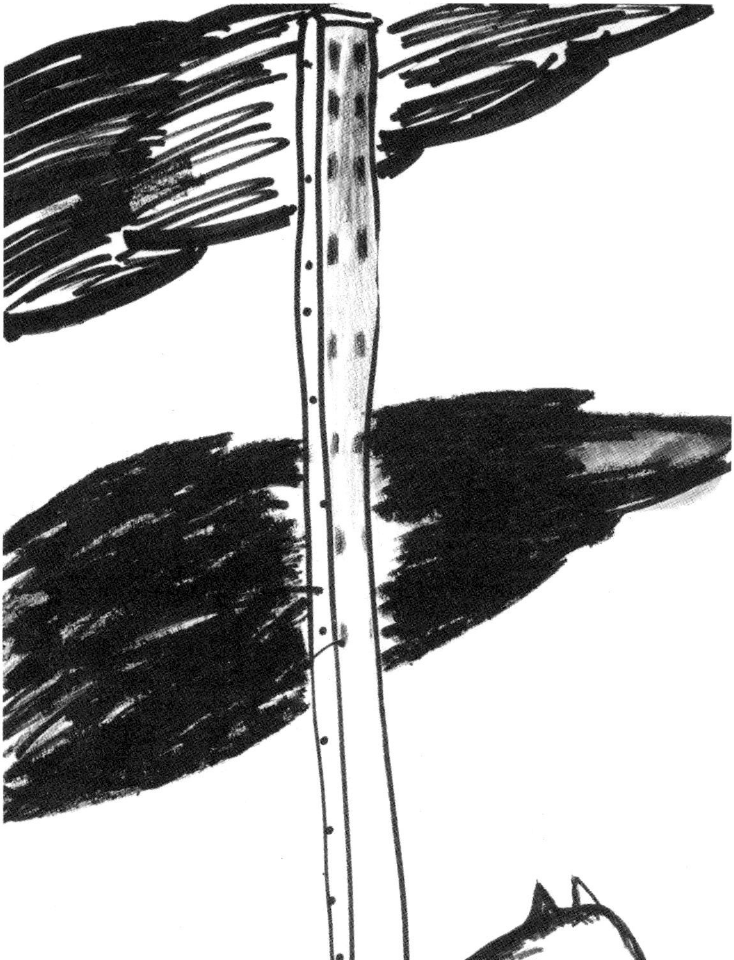

Senza titolo, pennarello e matita su carta 34x24
Untitled, felt-pen and pencil, 34x24

Senza titolo, matita e pennarello su carta 13,5 x 20,5
Untitled, pencil and felt-pen, 13,5x20,5

Senza titolo, matita e carboncino su carta 12x8
Untitled, pencil and charcoal on paper, 12x8

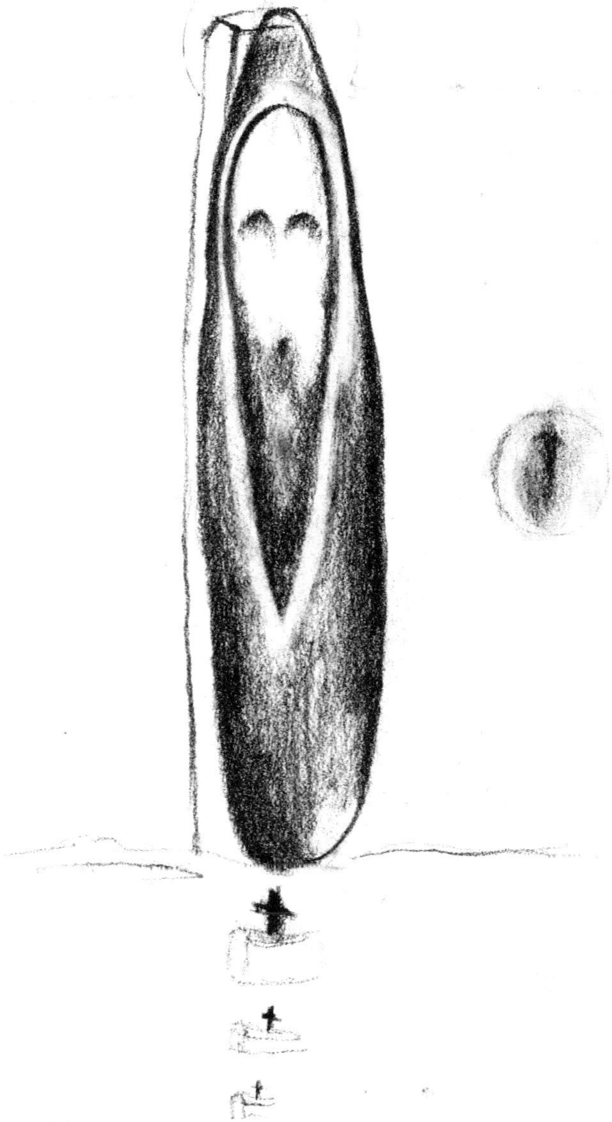

Senza titolo, matita su carta 21x13
Untitled, pencil on paper, 21x13

Senza titolo, matita e biro su carta 21x8
Untitled, pencil and ball-point pen on paper, 21x8

Senza titolo, biro su carta 17x9,5
Untitled, ball-point pen on paper, 17x9,5

Senza titolo, carboncino e matita su carta 27x22
Untitled, charcoal and pencil on paper, 27x22

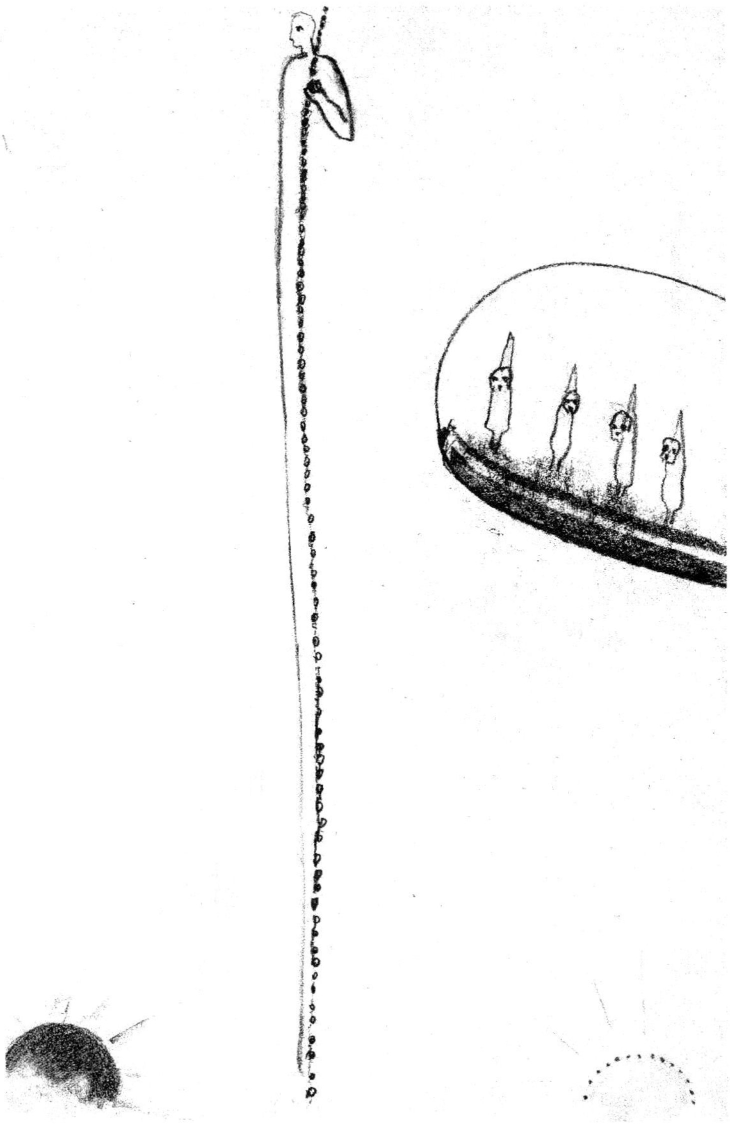

Senza titolo, matita su carta 24x17
Untitled, pencil on paper, 24x17

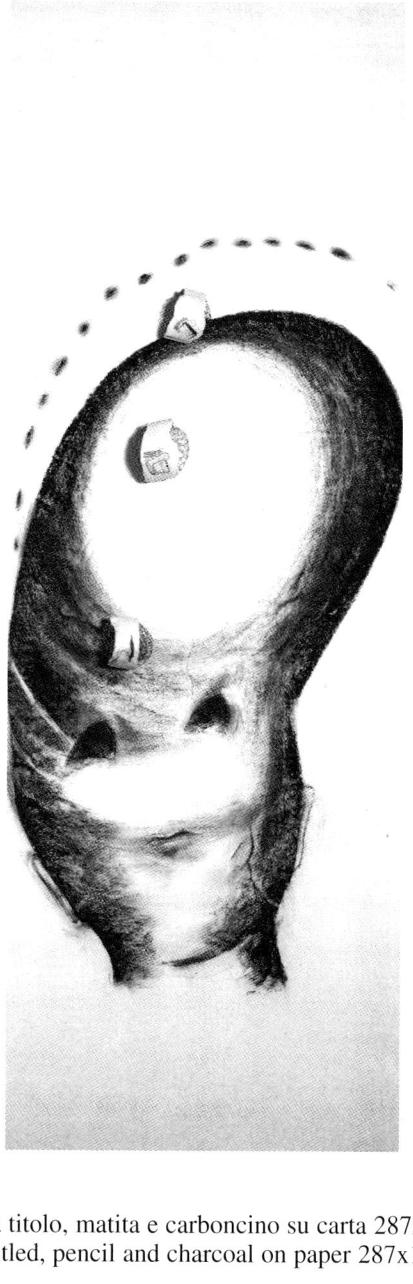

Senza titolo, matita e carboncino su carta 287x102
Untitled, pencil and charcoal on paper 287x102

Il Colle del Cranio

Ardendo, odorano le donne
di latte rancido e muffa. Ardendo, le ossa

di uccelli morti nella grondaia sul tetto.
Ardendo, i tumuli, le cripte, le torri

del silenzio, e il Signore stesso imprigionato
nella pietra, e l'acqua imprigionata nella pietra,

ed ecco l'impronta della mano dello Sceicco degli Ebrei,
Ibrahim, ed ecco la pietra sacrificale per suo figlio

sotto la Cupòla di Saladino, sangue, pietra,
macerie e pietra ustoria, e come son finiti

giù, ammassati, nelle cripte e nei tumuli
e nel groviglio delle fosse comuni:

giù il Rostro Imperiale
giù il Vescovo Arculf e Saewulf,
giù gli Aromatari della Rocca e il Kadi della Montagna,
giù Tancredi e Balduino e la visione del Golgota di Blake,
giù Montefiore e il Rabbino
Yosef Warsawe e il Rabbino el Bagdadee,
giù Alebim di Aleppo e al-Ghazzali,
giù alla Valle di Gihon,
giù giù con lampade untorie di pietra fino alle grotte
lungo la strada
fino al mare:
sugli spalti restano solo i guardiani,
e nella cappella della Veronica ci sono
strozzini con fruste di pelle d'ippopotamo,
e il supplice giunto dal Sepolcro, tenendolo sottobraccio, dice:
"Vede la scala cieca, è da lì
che Cristo balzò sulla Croce;
e, qui vicino, Mister Hogg, c'è il miglior
caffè di Gerusalemme".

She Sleeps

"I sleep but my heart is awake.
I see an angel befuddled
on a blind stair,
my father tearing
tifilin thongs
from his hair.
Hogg, our maps are wrong,
the sky's a snare,
you're a lost bird,
my words refuse to forget
the bare and arid hills
they came from."

Lei dorme

"Dormo ma il mio cuore è desto.
Vedo un angelo confuso
lungo una scala cieca,
mio padre che si strappa
cinghie di Tefillin
dai capelli.
Hogg, le nostre mappe sbagliano,
il cielo è una trappola,
tu sei un uccello che si è perso,
le mie parole non vogliono scordare
i colli aridi e nudi
da cui provengono".

How We Are

In the morning she fed the Yemenite's mule at the gate
two boiled eggs: "... here are my man's eyes."

She saw it all summed as over,
went to the end house in 'Agan Lane,
to the canopy bed in the slope-roofed room,
and opened a new album of intimacies,
"... the inside of a man's thighs, that's what I like,
the little hollow, where he's hung."

Her grey silk dress lay on the floor,
a pool of stagnant water.

She said sure she'd leave on her black brassiere like he liked it,
lay down
and hooked her ankles to the small of his back.
"See how we are, the eye of a needle..."
He rode her up on her shoulders into a question mark.   ?

She heard the air rut through his throat, too quick,
his half whimpering sag, and her, crampt.
"Finish me off with your finger," she said.

Then he showered and told her how good he felt
while she knelt looking for her shoe.
"I only wish we'd had a big mirror," she said,
"so I could've seen myself."

Come siamo

La mattina, al cancello, lei dette al mulo dello Yemenita
due uova sode da mangiare: "... eccoti gli occhi del mio uomo".

Per lei l'intera storia era ormai ben che finita,
raggiunse la casa in fondo al Vicolo 'Agan,
il letto a baldacchino nella stanza col tetto spiovente,
e aprì un libro nuovo di confidenze personali.
"... quel che c'è fra le cosce di un uomo, ecco cosa
piace a me, l'incavo, dove lui è ben dotato."

Il suo abito grigio di seta era steso a terra,
una pozza d'acqua stagnante.

Disse okay, si sarebbe tenuta il reggiseno nero come piaceva a lui,
si stese
agganciandosi al suo fondoschiena con le caviglie.
"Vedi come siamo, la cruna di un ago..."
Lui la montò sulle spalle a mo' di punto di domanda. ?

Sentì l'aria sibilargli in gola, troppo in fretta,
mentre si afflosciava quasi mugolando, e lei, contratta:
"Finiscimi col dito," disse.

Si fece una doccia e le disse quanto gli era piaciuto
mentre lei in ginocchio cercava una scarpa.
"Peccato solo che non avessimo un grande specchio," disse lei,
"su cui mi sarei potuta vedere".

La Petite Mort

He was awake beside her all night,
hands folded on his chest,
an enforced calm, waiting for seams
of light between the shades
so he could slip out of their bed and sit in an
easy chair
beside the door on the balcony
and see the sunrise through the ribs
of a rooftop sign
that read: Shalom y'all,
He shivered through a sleep, searching for his head
as though it were
an island,
and woke in a sweat
at noon.

"Sane, sane," he said
as she sat sipping clear tea,
"we're all insane.
I ate all my alphabet soup,
you left your vowels.
I lay down in the sky
with the moon in my throat, sleeping
and undid my nightmares
only to find
a chalk light had come
into your eyes,
the light a man sees
when a woman dies a little
with the pain
of a
pleasure
he cannot sustain
in her."

La Petite Mort

Rimase sveglio accanto a lei la notte intera,
con le mani piegate sopra il petto,
in calma forzata, aspettando suture
di luce tra le tende
così da sgusciare dal letto e sedersi
in poltrona
accanto alla porta sul balcone
e scorgere l'alba tra le costole
di un'insegna in cima al tetto
che diceva: Shalom you all.
Dormì tra freddi brividi, cercandosi la testa
come fosse stata
un'isola,
e si svegliò madido di sudore
a mezzogiorno.

"Sani, sani", disse,
mentre lei sedeva sorseggiando del tè,
"siamo tutti insani.
Io mi son mangiato tutto l'alfabeto della zuppa,
tu hai lasciato lì le tue vocali.
Mi son disteso giù nel cielo
con la luna in gola, addormentato,
e ho disperso gli incubi
solo per trovare
una luce di gesso penetrata
nei tuoi occhi,
la luce che un uomo vede
quando una donna un po' muore
per il dolore
di un
piacere
che lui non sa sostenere
in lei".

At the Lazarus Stone

In the olive light of evening
he went among old men
under old trees
at the Lazarus stone

between his hands
a silence

their days
of
undress and incantation
when love swung through the air
like a great bell and he sought
the shape of singularity.

He will not forget the hill and how they climbed
the sleeve of stone wall to the chapel.
He will not forget how the holyman wrapped the
sun within the sweep of his black surcoat.
He will not forget the holyman's eye, a wheel rolling,
and within the wheel another wheel rolling.
He will not forget the dank prayer house smelling
of ancestral shawls and old beards.
He will not forget how they were to stay forever
and pluck by prayer from within the stone
the moving finger.

Stone
needs water.

He will not forget the hill and how they knelt on the cold
church floor.
He will not forget how, under the icon of Simon Cyrene
who had been hauled from the crowd to shoulder the cross,
she wept.

Alla Pietra di Lazzaro

Nella luce olivastra della sera
andò, camminando fra vecchi
sotto vecchi alberi
alla pietra di Lazzaro

fra le sue mani
un silenzio

i loro giorni
di
nudità e incanto
quando l'amore vibrava nell'aria
come una grande campana e lui cercava
la forma della singolarità.

Non scorderà la collina e come s'inerpicarono
per la manica del muro di pietra fino alla cappella.
Non scorderà come il sant'uomo avviluppasse il sole
dentro l'ampio fluire della sua nera sopravveste.
Non scorderà l'occhio del sant'uomo, una ruota che girava,
e dentro quella ruota girava un'altra ruota.
Non scorderà l'umida casa delle preghiere che odorava
di scialli antichi e vecchie barbe.
Non scorderà come sarebbero dovuti restare insieme per sempre
e come avrebbero colto pregando dall'interno della pietra
il dito del fato.

La pietra
ha bisogno dell'acqua.

Non scorderà la collina e come s'inginocchiarono sul freddo
pavimento della chiesa.
Non scorderà come, sotto l'icona di Simone Cireneo
che fu strappato alla folla per portare in spalla la croce,
lei pianse.

He will not forget how, like conscripts in the night, fleeing,
they began a slow dance of aversion, discovering down the
length of the holyman's shadow the ritual cadence of
rejoicing that denies dying even while under the thumb of
death.
He will not forget how she said the wet seed upon her
breasts was thousands of dancing children.

Stone
needs water.

Bone
needs the beating
of blood.

In the olive light of evening
alone among old men
under old trees
at the Lazarus
Stone

between his hands
a silence

their
dream of a gauze moon
washing their wounds
and magicians
erasing their
tomb.

Non scorderà come, quali coscritti nella notte, in fuga,
cominciarono una lenta danza di ripulsione, scoprendo
lungo l'ombra del sant'uomo la cadenza rituale del gioire
che nega la morte proprio anche davanti al
pollice verso.
Non scorderà come lei disse che l'umido seme sui suoi
seni era una danza di migliaia di bambini.

La pietra
ha bisogno dell'acqua.

L'osso
ha bisogno del pulsare
del sangue.

Nella luce olivastra della sera
solo fra vecchi
sotto vecchi alberi
alla Pietra
di Lazzaro

fra le sue mani
un silenzio

il loro
sogno di una luna di garza
che lavasse le loro ferite
e di maghi
che cancellassero la loro
tomba.

Grace

The light
inside
a
stone
is
a
dream
refusing
to be
revealed

the voice
of
god
concealed
in
the heart.

Grazia

La luce
dentro
una
pietra
è
un
sogno
che si rifiuta
di essere
rivelato

la voce
di
Dio
nascosta
nel
cuore.

Hogg Aghast

At Friar's Tavern
Dorado the dwarf disc jockey
took his seat by the door.

The line of sweat
down the slope of his cheek
looked, in the lime-brown light,

like scar tissue.
On his right hand there was a silver
ring, the hammered shape

of a hawk. He stroked
the bird and called out to Sweet-Meat
Manzone the piano player,

"Rock me, child,
like my back got no bone." Manzone
stood gaping into the noise

and cracked his knuckles.
In the wall mirrors he beheld a long line
of himself. "What you see ...

is Sweet-Meat," he cried,
and hit the keys, head down,
singing, "One of these days

I going crazy,
buy me a shotgun, kill my baby,
an' aint nobody's business

if I do." Dorado, idly
flicking ice water at the go-go girl's
iridescent tits,

Hogg esterrefatto

Alla Taverna del Frate,
Dorado il disc-jockey nano
prese posto accanto alla porta.

La riga di sudore
sull'arco della guancia
pareva, alla luce verdastra,

una cicatrice.
Alla mano destra portava un anello
d'argento, cesellato a forma

di falco. Lo accarezzò
e gridò a Sweet Meat
Manzone, il pianista:

"Rock me, child,
like my baby got no bone." Manzone
rimase a bocca aperta a quel frastuono

e schioccò le nocche.
Negli specchi alle pareti vide se stesso
moltiplicato. "Ecco a voi…

Sweet Meat". Esclamò,
e pestò sui tasti, a capo chino,
cantando, "Un giorno di questi

io do di testa,
compro un fucile, le faccio la festa,
e non deve fregare a nessuno

se lo farò". Dorado, indolente
schizzando acqua gelata sulle tette
iridescenti della ragazza go-go,

slipped off his shoes
under the table and cooled his feet.
Sweet-Meat sang the blues abyss

about the black cat bone
and gangs of women. Then he stepped down,
slow-walking to the door.

"Dorado," he said, "you got
to drop me some shit." The dwarf palmed
a bag of coke

into Manzone's pocket,
saying, "What condition your condition in?"
Sweet-Meat laid his bread

on the table. "You don't care,
Dorado, how I die, you can't care how I kill."
They both laughed.

Manzone hurried into the street,
holding close to the walls. He went down
three flights of stairs

into the ceramic glare
of the subway, and he found Hogg,
his one good eye laced

by blood, staring.
Offended, Manzone put his fist in Hogg's face.
"Move your ugly butt Beethoven ...

or Sweet-Meat going
to bust your head." Hogg stepped aside, aghast.
"Are you what goes on up there?"

si sfilò le scarpe
sotto il tavolo, a ristorarsi i piedi.
Sweet Meat intonò l'abisso del blues

sull'osso del gatto nero
e su bande di donne. Scese dalla pedana,
andando alla porta a passi lenti.

"Dorado", disse, "devi
passarmi un po' di roba?" Il nano infilò
una bustina di coca

in tasca a Manzone,
dicendo, "In che razza di stato sei?"
Sweet Meat pose la grana

sul tavolo. "Se non ti frega,
Dorado, come crepo, che ti frega come ammazzo?"
E risero entrambi.

Manzone uscì in strada di fretta,
camminando rasente ai muri. Scese
tre rampe di scale

nel bagliore di ceramica
della metropolitana, e trovò Hogg,
con l'occhio buono iniettato

di sangue, che lo fissava.
Offeso, Manzone gli puntò il pugno contro il viso.
"Muovi quel brutto culo, Beethoven...

o Sweet Meat ti spacca
il muso". Hogg si scostò, esterrefatto,
"Ma sono tutti come te là sopra?"

Medusa among the Moochers

"If love is where the heart be,
Baby, I got a pawnshop heart
full of flats and sharps,
so when you start to fuck with me
gird up your loins
and count your coin.
Snakes and Ladders
is my game,
the adder's
kiss
a Stairway to the Stars.
AC-DC
S&M
(beat me daddy eight to the bar),
or
All Around The World –
after all, life is only a boatride
and curbside
among the quiff and quim
is where you decide
who's got the grit to help you hide
your fears in the land of tears.
But before you is quick, jack, be nimble.
Check the chicks
for the needle marks between their knuckles,
keep an eye peeled for their pimpwalking muscle
because they'll jump on your head
and shit in your hair,
the cops'll fingerprint your prayers.
But I'll carry you safe home
to the river's other side.

Alive with little love bites
you'll be so high you'll step out of your skin
and jive, just like Jesus

Medusa e gli scrocconi

"Se amore fa rima con cuore, baby,
ho un cuore che è un monte dei pegni
colmo di diesis e bemolle,
quindi se ce l'hai con me,
stringi bene i fianchi
e fatti due conti.
Scale e Serpenti
è il mio gioco preferito,
dell'aspide
il bacio,
una *Stairway to the Stars*
gli AC-DC
il Sado-Maso
('forza alle percussioni: via col tempo doppio'),
oppure
All Around the World –
dopo tutto, la vita è un giro in barca
e il porta a porta
tra il pelo e il pube
è il momento in cui scegli
chi ha il fegato di aiutarti a celare
le paure in questa terra di lacrime.
Ma prima di buttarti, bello, devi essere in forma.
Controlla le pollastre
se si sono bucate fra le nocche,
apri bene l'occhio e sta attento al magnaccia
se no ti monteranno sulla testa
smerdandoti fin sopra i capelli,
e gli sbirri prenderanno impronte alle tue suppliche.
Ma ti riporterò io sano e salvo a casa
dall'altra parte del fiume.

Fremendo di piccoli morsi d'amore
ti ritroverai così eccitato da non star più nella pelle
ballando un *jive*, come Gesù

down among the dead,
because
when I get my wig-hat on,
I give great head.
Never mind
those moochers you leave behind,
worrying whether you're
with or without sin,
those jack-in-the-pulpit jerk-offs
warning you to atone, casting their lots.
If I go eye to eye
with them,
they turn to stone."

giù fra i morti,
perché,
se mi metto parrucca e cappello,
so spompinare alla grande.
Frégatene
degli scrocconi che ti lasci alle spalle,
indecisi se sei
senza peccato o no,
quei pippaioli da pulpito
che ti esortano a pentirti, giocandosi tutto a sorte.
Se li guardo negli occhi,
quelli là,
si trasformano in pietra".

Hell's Belle

"Upside the magazine
rack this fool
for whips and studs

says, Dahling, don't
come to me 'bout
women, she-it,

see, the doom's
down funky, 'cause
while we're here

doing digital
time, you might's
well flop flat

for my famous
fist fuck, an'
I make you

a mummy an'
embalm your balls
with spit,

which is the choice
you choose, either
sucking wind,

the Holy Ghost,
or this here
Hell's belle's

hind tit,
so you freak for me
where dogs run

“Belle” dell’Inferno

“A fianco dello scaffale
delle riviste quel matto
per borchie e frustini

dice: Tesoooro, non
venirmi a dire a me
di donne, *meer-de*,

vedi, la vita
è ben strana, perché
anziché starcene qua

a smenarcela col tempo
tanto varrebbe che
tu porgessi le chiappe

al mio famoso
pugno nel culo, e
io potrei trasformarti

in una mummia e
imbalsamarti bene le palle
di sputo,

cos’è che
preferisci,
che ti succhi il vento,

lo Spirito Santo,
o che ti succhi il culo,
la tettina di dietro

di Belle dell’Inferno,
così se ti sfoghi con me
come fanno i cani,

free, an' you'll
dig it, dahling,
why garbeige

is all the rage,
which is why I
am where it's at…

hey, come on
back Hogg you bastard."

in piena libertà,
ti piacerà, tesoooro,
perché le povchevie

vanno alla grande,
ecco perché
io sono quello giusto…

ehi, torna
qua, Hogg, bastardo”.

Southbound Hogg Meets the Woman Northbound

"I'm an old woman.
The moon's in my throat
sleeping.

I sit here
and the trains go by.
I want to go back

for a morning
to the municipal park.
My breasts are there, bells

in the trees for the children
alive with laughter
at the sound of the bells.

The children don't know the bells
are me.
No one knows

I'm me. The moon
is sleeping.
I'm almost too old for traveling.

Another train is coming.
Will it stop
for me, this time?"

Hogg diretto a sud incontra la donna diretta a nord

"Sono una vecchia,
con la luna in gola,
assopita.

Siedo qua
e passano i treni.
Vorrei tornare indietro

per un mattino
al parco comunale.
Sono laggiù i miei seni, campane

appese agli alberi, per i bambini
che si animano di risate
al suono delle campane.

Non sanno quei bambini che
sono io le campane.
Nessuno sa

che io son io. La luna
è assopita.
Sono forse troppo vecchia per viaggiare.

È in arrivo un altro treno.
Si fermerà
per me, questa volta?"

Doctor Ded

Hogg had a bone and went to pick it,
setting flares in Union Station
until he found a man bivouacked by a portable

propane stove, who said: "The name's
Doctor Ded, what you want
inside my head?" He turned

the cuffs of his white linen coat,
swabbed his pan with black bread
and gave it to his sumpter woman

who was laying out sleeping bags
on a plot of polyethylene grass: "Her name's
Walking, come down from polar country

to work the carnies, she got the smarts
for silence." He scrubbed his knife
and fork clean with salt,

peeled the silver foil
from his stash of hash and said: "You want
to shoot the shit, or craps, or both?"

He tamped his carved ivory pipe,
unbuttoned a leather dice box
and said: "The stakes is this, snake eyes

you're dead, boxcars you lose
your lobber, seven or eleven three rolls in a row
I lay the truth on you,

them bones is holy."
He set out a baize sheet,
snapped on his celluloid eye-shade

Doctor Ded

Hogg aveva un osso da spolpare e si decise a farlo,
perlustrando Union Station
finché un uomo, a bivacco vicino a una stufa

portatile a gas, gli disse: "Di nome faccio
Doctor Ded, cosa vuoi sapere
da me?" Si tirò su

i polsi della giacca bianca di lino,
ripulì la padella con del pane nero
e la porse alla sua donna di fatica

che stava stendendo sacchi a pelo
su una superficie di polietilene: "Quella
è Walking, venuta dal Polo

per lavorare ai luna park, ha imparato
a stare zitta." Pulì il coltello
e la forchetta strofinandoli col sale,

scartò dalla stagnola
la tavoletta di hashish e disse: "Preferisci
quattro chiacchiere, i dadi, o tutti e due?"

Si riempì la pipa di avorio intarsiato,
sbottonò la scatoletta di pelle dei dadi
e disse: "Posta in gioco: coppia di uno

e sei morto, coppia di sei e perdi
il fringuello, sette o undici tre tiri di seguito
e ti spiattello la verità,

questi dadi sono sacri".
Stese un panno,
s'infilò il paraocchi di plastica

and talked about the great old skywriters
who'd bailed out
and some who'd gone thumbs down or

junky, while Hogg came out fast
with his first seven, a six and one.
"You're alive and now playing

for your pecker," Ded said and went on
talking about how he'd met Walking
in a scrub pine and slag town,

and he'd heard the wolves
and how they could chord and scat sing,
while Hogg backhanded a five-two off the wall,

seven again. "Haw, *Chapeau,* so we don't feed
your balls to the sewing machine.
Now we see who comes clean."

Hogg blew on the dice in his closed fist.
"You giving mouth to mouth, for luck
or life?" the Doctor said,

but Hogg came down with five-six, eleven.
Ded inclined away, took off his shoes
and shook them for sand

and extended his hand to Walking
who hiked her skirt, and solemn, began
a gavotte. Hogg, left lame-duck,

impending, warmed himself
by the propane flame. "You owe me
some talk about the truth," he said.

"I want to know who's Hell's belle,
and where's she hang out?" Ded broke stride, "Somewhere
south of heaven, here in Nod country."

He offered Hogg a toke.

e parlò di grandi vecchi scrittori nel cielo
che avevano rinunciato alla vita
e di altri finiti pollice verso o

strafatti, mentre Hogg subito azzeccò
il primo sette, un sei e un uno.
"Sei vivo, e adesso ti giochi

l'uccello". Disse Ded e proseguì
raccontando di come incontrò Walking
in una cittadina di pini secchi e scorie,

e di come aveva sentito i lupi,
che sanno fare accordi e cantare *scat*,
mentre Hogg rimbalzò dal muro un due più cinque,

un altro sette. "Wow, *Chapeau*, niente coglioni,
allora, in pasto alla macchina da cucire.
Vediamo adesso chi ne esce incolume".

Hogg soffiò sui dadi dentro il pugno chiuso.
"Ti fai un bocca a bocca, invocando la fortuna
o la vita?" Doctor disse,

ma Hogg azzeccò un cinque più sei, undici.
Ded indietreggiò, si levò le scarpe
e ne scosse via la sabbia

tendendo la mano verso Walking
che si alzò la sottana, e solenne cominciò
una gavotta. Hogg, abbandonato a se stesso,

si riscaldò sporgendosi sopra
la fiamma del gas. "Dimmi un po'
la verità, me lo devi", disse.

"Voglio sapere chi è Belle dell'Inferno,
e in che giro sta?" Ded interruppe il ballo, "A
sud del cielo, qua nel regno di Nod".

Offerse a Hogg un tiro di hashish.

"But why, is what I want to know?"
The Doctor draped his coat

on a meter machine, tapering his tone,
"The man who asks why, figures he's got a future
beyond what he's been,

so I tell you true, you intend to suture
what you is to what you'd like to be,
you're on the road on the run,

whereas me, I am the image
of my maker, ex nihilo nothing, Doctor Ded,
at your service, and also, Walking."

“Ma perché, voglio sapere?”
Doctor Ded appese la giacca

ad un parchimetro, affinando il tono,
“Chi chiede perché, pensa di avere un futuro
oltre al proprio passato,

perciò ti dico il vero, tu cerchi una sutura
fra quel che sei e quel che vorresti essere,
sei un viandante in fuga,

mentre io, io sono l’immagine
del mio creatore, *ex nihilo* nulla, il Doctor Ded,
per servirla, e pure Walking”.

Hogg Dreams Veronica

Who is up there keeping vigil
who will wipe the face of Hogg
gaunt, unshaven, stations done,
mounts the stairs, dreams of one
who is up there keeping vigil
who will wipe the face of Hogg
cleanse his wounds, staunch the bleeding,
in her veil his pain left sleeping.

Hogg sogna Veronica

Chi lassù se ne sta a vegliare
chi pulirà il volto di Hogg
scarno, barba lunga, dopo tutte le stazioni,
sale le scale, sogna una donna
che lassù se ne sta a vegliare
che pulirà il volto di Hogg
tergerà le piaghe, fermerà il sangue,
nel proprio velo il dolore di lui assopirà.

John the Conqueroo

"I am the man who am,
in short I is,
John the Conqueroo Decatur,
born outa some hair-pie hustler
by Clarence Urreal, my daddy,
and I be no creeper
born to die
with a face full of frown

and never no more than
a mumbling word, no sir,
no nigger this kid
hobble-down hiding
in his grave; I got always
a big bag of goofer dust
and in my sleeping sack
my Molly sweet-sepia (her
percolator grind so fine
black coffee

for John the Conqueroo
Decatur); now this evening,
you and me, we's going to escalator on
into Farisee's Funland
through them double-doors plate glass,
to the mechanical
dude cowboy slung out in six-guns,
where they got him high-fashion
black, black boots high-heeled
and tooled leather,

and Levis black, and satin shirt,
and broad-brimmed hat,
and under that, his blue-eyed
coral carnival pink

John the Conqueroo

"Io sono colui che sono,
insomma, Io è,
John the Conqueroo Decatur,
figlio di una puttana pelosa
e di Clarence Urreal, mio papà,
e non sono uno sfigato
nato per morire
con il muso da incazzato

senza mai dire più di
una parola strascicata, signornò,
non un negro, questo qua
che si va a nascondere a carponi
nella tomba; mi porto sempre dietro
una sacca di polvere voodoo
e dentro il sacco a pelo
la mia dolce Molly color seppia (con
una macina che fa finissimo caffè
da grande caffettiera

per John the Conqueroo
Decatur); ora, stasera,
io e te, ce ne andiamo in scala mobile
al Farisee Funland
oltre le doppie porte a vetro,
fino a quel fighissimo
cowboy meccanico con la pistola a sei colpi,
vestito di nero alla gran moda,
stivali neri a tacco alto
e cuoio intarsiato,

e Levis neri, e camicia in raso,
e cappellone a tesa larga
con, sotto, occhi turchesi
e il rosa corallo da carnevale

sweet face, the fixed smiling
malice of your race,
and his right arm hang-down holding
his gun, waiting, serene,
for someone to feed that slot,
a dime, three shots;

I gonne to satisfy his soul,
and do the whole
rigamarole of his routine,
tie the holster on my hip, put up with all
that squawk box
recorded lip about my being a green horn
rube born for Boot Hill, and then,
there's only the silence
before the calm of the kill,
and he call Draw,

and never see that iron come off my hip,
cocking and firing,
and Bam-Bam, he wasted, and dying says,
Yuh got me yuh badlands badman,
because you faster than I thought you was,
and I say, O Yeas, Yeas, sliding my shooter
on home to holster, You better believe it
you dead-eye dick,
Yeas, and I say, Yeas Hogg my man,
he dead, O Yeas, Yeas, Yeas."

del suo bel visetto, col fisso sorriso
di perfidia della razza tua,
e il braccio destro teso penzoloni che impugna
la pistola, aspettando, sereno,
che qualcuno infili nella fessura
una moneta, tre spari;

lo accontento io quel figurino,
e mi preparo a tutta
la solita tiritera di routine, lì,
mi lego al fianco la fondina, e mi sorbisco per intero
il gracchiare registrato
che mi dà del pivello di campagna
buono per il Camposanto, e poi,
c'è solo il silenzio
della calma prima del morto,
e quello dice Fuori la pistola,

e neanche vede il ferro uscirmi dal fianco,
puntare e sparare,
e Bang Bang, lui spacciato, e morendo dice,
Mi hai preso, bastardo di un bandito,
sei più veloce di quanto pensavo,
e io dico Oh Yeah, Yeah, rinfilando l'arma
al posto suo nella fondina. Faresti meglio a crederci,
tiratore del cazzo,
Yeah, e ti dico, Yeah, Hogg, amico mio,
l'ho stecchito, Oh Yeah, Yeah, Yeah".

Judas Priest

"I was the boss stud, called me
  Bad Blood Jeremiah
Stuck, five-foot-one come four
  in elevator shoes.
I was the Pussy King of Dundas
  Station, I held
the razor hand, had the dedication
  of a man fattening
frogs for snakes. I tell you true,
  I was on the take
every night at nine, almost supine
  with satisfaction
as I checked my action in Le Coq
  D'Or saloon and
Starvin' Marvin's Stripperama,
  upper room. Then,
old Stuck got in a jam, cut up
  my Sally Ann
and she took the stand and says,
  That's him, pimp,
purveyor, there's no where you'll
  send him safe enough;
that sucker's Mr. Tough. Well, they
  stuck me in the looney-
bin, going to 'lectric shock me
  back to Doctor Spock,
and maybe Doctor Ded, which is
  what they said, but
never done. Just sat me on my buns
  in solitary, for
three years, and the walls in that room
  sweated tears.
Makes you think, alone with the deadfall
  of your own fear,
there must be more to human affairs than being

Judas Priest

“Degli stalloni io ero il boss, soprannominato
  Jeremiah Bad Blood
Stuck, un metro e sessanta più dieci
  delle scarpe rialzate.
A Dundas Station ero il Re
  della Gnocca, tenevo
per il manico il rasoio, con la dedizione
  di chi ingrassa
le rane ai serpenti. Credi a me.
  stavo lì e incassavo
ogni sera alle nove, quasi estasiato
  dalla soddisfazione
di badare ai miei affari al Bar
  Le Coq d’Or e allo
striptease club Starving Marvin,
  stanza al piano di sopra. Poi,
il vecchio Stuck s’incasinò, sfregiò
  Sally Ann
e quella spifferò tutto in tribunale:
  È lui, puttaniere,
magnaccia, non c’è posto sicuro
  dove possiate mandarlo;
quel figlio di mignotta di Mister Tough. Beh, quelli
  mi ficcarono tra i fusi di testa,
volevano farmi l’elettro-shock
  rispedirmi al dottor Spock,
e magari al dottor Ded,
  dicevano così, ma poi
niente. Lì, culo per terra,
  in isolamento, per
tre anni, e i muri della stanza
  trasudavano lacrime.
Viene da pensare, solo col vuoto
  della tua paura,
dev’esserci di più nella vita che finire

belly-up in despair.
Three years, friends, three in the hole.
But I'm back,
shifted my gears, and I don't pretend
to save your soul,
but old Jeremiah Stuck, he's going
to lay some strange
saving words down, so stick around.
It beats pot-luck.
Now: – this here's a world of losers
and winners, and
you know who the sinners are. The poor
in the pews.
The church is led by those who have
the bread, while
the priests ration out Christ's compassion,
and Jesus is
their bag man, collecting dues. But that's
all a lie,
that's bull. Not one apostle in the gospel
of good news
had any kind of special pull. Jesus died,
had himself crucified,
to wrench a new election out of insurrection,
like when they put
the local hooker to the wall, Magda Lana,
he said, you got
the big-time reputations, but when you're
dead, and making
deputations, you'll find thieves on my
right hand, out
on reprieve. To get my kingdom done,
I've come to save
the damned, the scum of your society.

Old Jeremiah Stuck
can tell you, when you reach out, sleepless,
for the walls
of your hole, and all you touch is the darkness
of your soul,
you scrutinize how and why a man dies,

pancia all'aria disperato.
Tre anni, amici miei, tre, in quel buco.
Però rieccomi qua,
ho cambiato marcia, e non pretendo
di salvarvi l'anima,
ma il vecchio Jeremiah Stuck sta
per svelarvi qualche strana
parola di salvezza: state qua.
Altro che la solita minestra.
Dunque: – questo è un mondo di perdenti
e vincitori, e
si sa bene chi sono i peccatori. I poveri
nei banchi.
La chiesa è in mano a quelli che hanno
la grana, mentre
i preti razionano la compassione di Cristo,
e Gesù
incassa alla colletta. Ma è tutta
una fandonia,
una frottola. Nessun apostolo nel vangelo
della buona novella
aveva ascendenti speciali. Gesù morì,
si fece crocifiggere,
per trarre dall'insurrezione una nuova elezione,
come quando misero
al muro, Magda Lana, la zoccola locale,
lui disse, Voi avete
strepitose reputazioni, ma quando sarete
morti, e farete le vostre
relazioni, troverete i ladri
alla mia destra, liberi,
graziati. Per far sì che venga il mio regno,
sono venuto a salvare
i dannati, la feccia della vostra società.

Il vecchio Jeremiah Stuck
ve lo può ben dire: se insonni tendete la mano
ai muri
del vostro buco, e non toccate altro che il buio
dell'anima vostra,
pensate a come e perché si muore,

why, when Jesus had him
dead-to-rights, he broke the bread and said,
Eat your fill, Judas,
I know who you're going to kill.
The question's this,
Why's the kiss the ancient invitation to the abyss?
Well, I've come to see
what above all Jesus knew, that built
into love is
betrayal. The cock crowed. Peter cried,
No, I don't know
nothing about that guy, no Sir. Denied him
Peter did, to save
his skin and then went mewling and puking
over his sin,
but Jesus called that liar his rock,
as if the rebuke
and the blessing were one. Not James,
not John, not Luke,
but the guy who fled, vilified, was
in the end,
Peter Pontiff, sanctified. So it is,
those who've done
the worst, the last, shall be first."

Hogg held up his
hand. "Hold on my man, old pimp,
preacher, whoever
the hell you are, I've already gone too far,
already been wiped,
clean, right off the salvation slate,
unable to forgive
myself more than my enemies,
been down in my own
black hole, my soul..." "Well," said Stuck,
"in that case I going
to tell you the Judas gospel. Like his Lord,
not in hatred, but in love,
he hung himself dead.

Now what you know

perché, quando Gesù se lo trovò
davanti, spezzò il pane e disse,
Mangiane a volontà, Giuda,
so chi stai per ammazzare.
La questione è:
Perché il bacio è l'antico invito all'abisso?
Bene, sono riuscito finalmente a capire
quel che Gesù sapeva più di ogni altra cosa: che connaturato
all'amore è
il tradimento. Il gallo cantò. Pietro esclamò,
No, non ne so
niente di quello, Signornò. Lo rinnegò,
Pietro, per salvarsi
la pelle. E poi piagnucolando vomitò
sul peccato commesso,
ma Gesù nominò quel bugiardo sua roccia,
come se rimproverare
o benedire fosse tutt'uno. Non Giacomo,
o Giovanni, o Luca,
ma quello che scappò e fu diffamato, fu
alla fin fine,
Pietro Pontefice, santificato. È così
che i peggiori,
gli ultimi, saranno i primi".

Hogg alzò la mano,
"Un attimo, ehi tu, vecchio ruffiano,
predicatore, chiunque
diavolo tu sia, mi sono spinto troppo oltre, io,
sono stato già cancellato,
ben bene, dalla lista dei salvati,
e non so perdonare
me stesso, e ancor meno i miei nemici,
sono stato nel mio
buco nero, la mia anima..." "Beh," disse Stuck,
"in tal caso a te rivelerò
il vangelo di Giuda. Come il suo Signore,
non per odio, ma per amore,
Giuda si impiccò.

Ora quel che sai

about Judas is,
he was the juice man taking care of business.
But see, you got to ask
how he saw his appointed task,
because the bossman
beside him sipping wine be also
the Eye in the Sky,
Divine, who knows what we all up to,
Himself included.
But the genius of Judas perceived the applied
logic that eluded
the priestly pedagogic, who couldn't believe
God'd take two legs,
let alone save the dregs by doing a suicide –
that His benevolent
intention was our subsequent redemption
since back before
man's invention – but to die he needed
some fully aware
fall-guy who'd shoulder the sin of suckering Him,
who'd come on
as the reprobate with all the appropriate device
and signification
for the sacrifice – like silver coin, the kiss,
intermittent ejaculation of the law –
because he foresaw that double-dealing
dealt his life
new meaning – that once he had his own hide hung
in perfect imitation
of God's begotten Son,
then he and Jesus would be One, and that is
what he done
for you and me, shared this complicity
in death, so we do
draw today deliverance breath, that's why old Stuck
has come undone,
free, and telling you the essence of all
be not mendacity
but complicity, for if Judas and Jesus are One,
if by betrayal
the beautiful is begun, then not only Judas

di Giuda è
che prendeva contanti e curava gli affari.
Ma vedi, la domanda è
come vedeva il compito affidatogli,
perché il capo
che sorseggiava vino accanto a lui era anche
l'Occhio del Cielo,
Divino, che sa cosa ci stiamo a fare qui,
Lui Stesso compreso.
Ma il genio di Giuda intuì la logica
applicata che sfuggiva
alla pedagogia dei preti che non riuscivano a credere
che Dio si sarebbe incarnato,
e tanto meno che avrebbe salvato la feccia con un suicidio –
o che la Sua benevola
intenzione era la nostra conseguente redenzione
fin da prima ancora
dell'invenzione dell'uomo – ma per morire gli serviva
un capro espiatorio cosciente
che si sobbarcasse il peccato di tradirLo,
che ne venisse fuori
come il reprobo, con tutti gli espedienti adeguati
e il significato
del sacrificio – cioè denari d'argento, bacio,
eiaculazione intermittente della legge –
perché Giuda previde che fare il doppio gioco
conferiva alla sua vita
un senso nuovo – e, appesa la sua pelle
a imitazione perfetta
del Figlio unigenito di Dio,
allora lui e Gesù sarebbero stati Uno, e questo
è ciò che fece
per te e per me, condivise tal complicità
nella morte, così che noi
tiriamo oggi un sospiro di liberazione, ecco perché il vecchio Stuck
è un uomo nuovo,
libero di dirti che l'essenza del tutto
non è la mendacità,
ma la complicità, perché se Giuda e Gesù sono Uno,
se il tradimento
è principio di bellezza, allora non solo Giuda

be in you,
but Jesus, too. You wear His face no matter
your disgrace."

è in te,
ma anche Gesù. Tu porti il Suo volto malgrado
la tua iniquità".

Out of the Tomb Sheets

By the drag of boot
and racking stench of whale drool
ye shall know Hogg who came alive
out of the abattoir

ashore after three days
in the greasepools of the sea cow's
gullet. Call him Jonah, precursor,
who came into the valley

of Hollow and found
only the shape of an angel's wings
in the sand and a hawking priest
who had in his silver

reliquary, a molar
from the mouth of Elisha - and one
reddish hair from the forearm of Iscariot
who leapt upon him

at The Place of Condemnation,
Union Station, beak-nosed, bent forward,
as if eager to flush some truth from the hedge
of lies. He gave Hogg

the gentle slip
of hand into hand and the ceremonious
kiss consummated on the steps
of the Sepulchre.

Yet ye shall know Hogg
as no derelict shadow impaled in the jaw primal,
for after three days forsaken in the Cradle
of the Cripple

Dal sudario

Dallo strascicarsi dello stivale
e dal fetore atroce di bava di balena
riconoscerete Hogg che uscì vivo
dal mattatoio

spiaggiato dopo tre giorni
nelle pozze di grasso dell'esofago
del cetaceo. Chiamatelo Giona, precursore,
che giunse fino alla valle

del Vuoto e vi scoperse
solo la forma delle ali di un angelo
nella sabbia e un prete piazzista
che nel suo reliquiario d'argento

conservava un molare
dalla bocca di Eliseo – e un pelo
rossiccio dall'avambraccio dell'Iscariota
che gli saltò addosso

nel Luogo delle Condanne,
la Union Station, col naso adunco, proteso in avanti,
come smanioso di snidare una qualche verità dalla siepe
di menzogne. Porse a Hogg

una lieve
stretta di mano e il cerimonioso
bacio consumato sui gradini
del Sepolcro.

Tuttavia, riconoscerete Hogg,
non come ombra derelitta impalata nella mandibola originaria,
poiché dopo tre giorni abbandonato nella Culla
del Male

out of the tomb sheets
he came and set up camp among men
collapsed against the city walls, and there,
Simon Peter, crazed

by the sun, found
and took him to his fire where they murdered
the crow-cock and burned and ate the bird
and put betrayal behind them.

Call Hogg precursor obsolete,
but nonetheless alive to hope as more than survival,
to prayer as more than madness, to death
as more than a sigh.

venne fuori dal sudario
e piantò la sua tenda tra gli uomini
accasciati contro le mura della città, e lì,
Simon Pietro, folle

per il sole, lo trovò
e lo condusse al suo fuoco, dove ammazzarono
il gallo, l'arrostirono e lo mangiarono
mettendosi alle spalle il tradimento.

Chiamate pure Hogg obsoleto precursore,
ma non di meno prono alla speranza che non sia mera sopravvivenza,
alla preghiera che non sia mera pazzia, alla morte
che non sia solo sospiro.

Ice Fishing

He saw
ice inlaid in light
along the canal

and old men
fishing
for their sons

under birch trees
hung
with the severed tongues

of bells tolled
at
Lubyanka

where bodies were laid out
pearled with blood
beside

skinning bowls
made from the silver spoons
of those

who died
looking for air
holes

in the ice
filled with the blue
sky and hooks.

A pesca nel ghiaccio

Vide
ghiaccio intarsiato nella luce
lungo il canale

e vecchi
a pesca
dei propri figli

sotto betulle
da cui pendevano
lingue mozzate

di campane suonate
alla
Lubyanka

dove erano adagiati corpi
imperlati di sangue
accanto

a ciotole usate per scorticare
fatte con i cucchiai di argento
di quelli

che morirono
cercando un buco
per respirare

nel ghiaccio
pieno di cielo
azzurro e di ami.

Sun Dance

A small boy
spread
a square of embroidered
sailcloth
on the paving stones
outside Mikhailovsky Gardens
and
tried to sell Hogg tiny wooden scarecrows
nailed
to a stick.
"They dance if you pull
the string.
I gave them souls
so they glow in the dark."
Hogg held the boy up to the sun
but he swung his legs
and arms
and
screamed,
shielding his eyes.

Danza del sole

Un ragazzino
aveva steso
un riquadro di tela da vele
ricamata
sulle pietre del lastricato
davanti ai Giardini Mikhailovsky
e
cercava di vendere a Hogg mini spaventapasseri di legno
inchiodati
a un bastoncino.
“Se si tira la cordicella
danzano.
Ho dato loro un’anima
così brillano nel buio”.
Hogg sollevò il ragazzino in alto verso il sole
ma quello dimenava le gambe
e le braccia
e strillava,
coprendosi gli occhi.

As Time Goes By

Hogg praised the scent
of apples in her hair
and promised never to forget.
She offered her body bare
for his blessing.
No regrets.
They denied duplicity
by giving
each other
the lie:
I'll love you till I die.

As Time Goes By

Hogg decantò il profumo
di mela nei capelli suoi
e promise di non scordarsi mai di lei.
Lei offerse nudo il corpo
alla sua benedizione.
Niente rimpianti.
Evitarono la duplicità
scambiandosi
reciprocamente
la menzogna:
Ti amerò fino alla morte.

A Stolen Kiss

A thief and his sister
lived in a hut.
She was very beautiful.
Crouching, she kept the fire.
At night, she went to the side of a road
and lay down. Men circled
her still body and then stole a kiss.
Her brother beat them to death
and stole their gold.
But one night a man gave her water from his flask.
The brother beat him but he did not die.
They carried him to the fire
and beat him until his cries fanned the flame.
He grew yellow, his eyes shining.
She lay near him, naked.
He said, "You are a dark flower."
She cradled his face, stole a kiss,
and crept away to kill her sleeping brother.
She came back carrying satchels of gold.
"Don't be afraid," she said.
"We are free."
He fell into the flames,
his arms on fire.

Un bacio rubato

Un ladro e sua sorella
abitavano in una baracca.
Lei era molto bella.
Rannicchiata, accudiva il fuoco.
Di notte, si recava sul ciglio di una strada
e si stendeva a terra. Uomini giravano intorno
al suo corpo immobile e le davano un bacio furtivo.
Il fratello li ammazzava di botte
e rubava loro l'oro.
Ma una notte un uomo le porse dell'acqua dalla fiasca.
Il fratello lo picchiò ma quello non morì.
Lo portarono accanto al fuoco
e lo picchiarono finché la fiamma non guizzò alle sue grida.
Divenne giallo in viso, gli brillavano gli occhi.
Lei gli si stese accanto, nuda.
Lui disse: "Sei un fiore oscuro".
Gli cullò il viso, gli dette un bacio furtivo,
e sgusciò via a uccidere il fratello addormentato.
Tornò carica di sacchi colmi d'oro.
"Non temere", gli disse.
"Siamo liberi".
Lui cadde tra le fiamme,
con le braccia di fuoco.

Promise of Rain

"Officers of the Ice Palace
died during the war:
Sedelnikov, Chulpenyev, Belov.
Names, ice on the tongue,
silver bells in the mouth,
that's what Tsvetayeva said –

A name, click of a gun, deep sleep.
Grandmother died then, too,
at 101, shrivelled to the size
of a little girl's crib,
calling for her brother who had lost a leg
at Stalingrad, clean

cut above the knee.
He kept it encased in a lead
box in the family crypt,
afloat in embalming oils,
our great-uncle Victor
who visited his leg once a year,
lit a candle, said a prayer,

flaunted his affairs
with young soldiers
in the lobby of Hotel Astoria,
a respected lexicographer who died despised
in the S & M whipping stall
at a military club,

a compassionate man who talked to my father
about evil, how the tear
in a needle's eye
comes from laughter,
how men like Stalin, Himmler, Beria, not only
know the evil they do

Promessa di pioggia

"Ufficiali del Palazzo di Ghiaccio
morirono durante la guerra.
Sedelnikov, Chulpenyev, Belov.
Nomi, ghiaccio sulla lingua,
campanelli d'argento in bocca,
è quanto disse la Svetayeva –

Un nome, il click della pistola, sonno profondo.
Anche la nonna morì, allora,
a 101 anni, raggrinzita fino a stare
in un lettino da bambina,
invocando il fratello che aveva perso una gamba
a Stalingrado, un taglio

netto sopra il ginocchio.
Il nostro prozìo Victor
la custodiva in una teca
di piombo nella cripta di famiglia,
immersa in balsamici olii,
facendole visita una volta all'anno,
accendeva una candela, recitava una preghiera

si vantava degli affari
che faceva con giovani soldati
nell'atrio dell'Hotel Astoria,
l'onorato lessicografo che morì disprezzato
nel reparto frustate sadomaso
di un circolo militare,

un uomo pietoso che parlava a mio padre
del male, di come la lacrima
nella cruna di un ago
provenga da una risata,
di come uomini quali Stalin, Himmler, Beria, non solo
sanno il male che compiono

but find it wryly amusing
in all its intricacies of device,
the way pulling the wings off butter-
flies is ferociously funny
to queerly strung choir boys.
What else could their defiant sign

WORK MAKES FREE
over the gate of a death camp be
but a joke that only
killers could enjoy.
They knew, they knew, they knew,
and they laughed, he said,

as they laughed at
work, work, the dignity of work
in the work camps of Siberia.
What a joke,
which is how he thought
of his leg,

a length of space
filled with phantom flex,
a twitch, an ache,
resurrected in those stalls,
as he took the lash
so he could lie down

in laughter
at the inexplicable pain
of baseless hatred,
silver bells in his mouth,
ice on the tongue, names:
Sedelnikov, Chulpenyev, Belov."

ma sardonicamente lo trovano divertente,
in tutte le tortuosità degli espedienti,
così come strappare ali alle farfalle
è un feroce divertimento
per imberbi coristi stridentemente eccitati.
Cos'altro poteva intendere quella scritta sprezzante

IL LAVORO RENDE LIBERI
sopra la cancellata del campo di sterminio
se non una burla che solo
degli assassini potevano apprezzare?
Sapevano, sapevano, sapevano,
e ridevano, diceva,

così come deridevano
il lavoro, il lavoro, la dignità del lavoro
nei campi di lavoro in Siberia.
Che burla,
e così pensava anche
della sua gamba,

una quantità di spazio
ricolma di fantomatiche flessioni,
uno spasmo, una fitta,
risorti in quei reparti
mentre prendeva sferzate
così da potersi stendere

ridendo
all'inspiegabile dolore
dell'odio infondato,
campanelli d'argento in bocca,
ghiaccio sulla lingua, nomi:
Sedelnikov, Chulpenyev, Belov".

Snowflake

It began to snow.
"You suspect my silence,
but it is the way I keep my head clear,
wiping each thought
like a small mirror
or antique angel or candlestick.
The small things
men kill for I clean:
it's all we can do, especially with wounds."
A child took a snowflake on his tongue.
"He's swallowed a tear,
his life has begun."

Fiocco di neve

Cominciò a nevicare.
“Ti insospettisce, il mio silenzio,
ma è così che tengo sgombra la mente,
lucidando ogni pensiero
come fosse uno specchietto,
un angelo antico o un candelabro.
Le piccole cose
per cui si uccide io le pulisco:
è quanto possiamo fare, soprattutto con le ferite”.
Un bambino prese un fiocco di neve con la lingua.
“Ha inghiottito una lacrima,
la sua vita è cominciata”.

Hogg Meets Isaac Babel

"What's to be done?" Hogg asked
an old watchman
wearing a quilted jacket outside a welding shop.
"We've been walking in circles for hours
trying to find Tolstoy".

The old man, staring at the back
of his bare hand severed at the wrist
by a black cuff, clucked on his pipe
and scraped his boot on a broken curb.

"He turned yellow, your count. Afraid.
His religion was all fear, frightened
by the cold, by old age, by death. And,
he made a warm overcoat
out of his faith."

The watchman, smelling of savoury
and sunflower oil, opened his hand
as if it were a map.
She touched the long life line
and lifted his fingers to her lips.
"He's from the purges, when all was permitted."

He let her kiss his hand.

Hogg incontra Isaac Babel

"Che si deve fare?" Chiese Hogg
a un vecchio custode
in giacca trapunta davanti alla bottega di un saldatore.
"È da ore che giriamo in tondo
cercando di trovare Tolstoj".

Il vecchio, fissando il dorso
della propria mano nuda, recisa al polso
da un polsino nero, tirò una boccata di pipa
sfregando lo stivale sul cordolo rotto del marciapiedi.

"È diventato giallo, il tuo conte. Dalla paura.
La sua religione era solo paura, spaventato
dal freddo, dalla vecchiaia, dalla morte. E,
aveva fatto della sua fede
un caldo cappotto".

Il custode, odoroso di santoreggia
e di olio di girasole, schiuse la mano
come fosse una mappa.
Lei gli sfiorò la lunga linea della vita
e si portò alle labbra le sue dita.
"Viene dai tempi delle purghe, quando tutto era permesso".

E lui lasciò che lei gli baciasse la mano.

Amputated Love

Death is the only cure for the hunchback.
NIKITA KHRUSHCHEV

Hogg met a man with silverfish eyes
in the glacial sheen
who said he'd wiretapped his son's dream
and heard the broken voice

of a boy soprano
whose only choice
was a rainbow
radioactive in his entrails

or queuing for aminazine
in psychiatric jails.
He had the eloquence
of amputated love

bewildered by pain
dangling in an empty glove
and the acid rain
in his son's life sentence.

"How," he cried,
"do I apologize before he dies?"

Amore amputato

Per il gobbo la sola cura è la morte.
NIKITA KRUSCEV

Hogg incontrò un uomo con occhi simili a fessure d'argento
nella lucentezza glaciale
che disse di avere intercettato i sogni del figlio
e sentito la voce rotta

da giovane soprano
la cui unica scelta
era tra un arcobaleno
radioattivo nelle viscere

o far la fila per un antipsicotico
in un manicomio criminale.
Aveva l'eloquenza
dell'amore amputato

sconvolto dal dolore
ciondolante in un guanto vuoto
e dalla pioggia acida
della condanna all'ergastolo del figlio.

"Come faccio", gridò
"a chiedergli scusa prima che muoia?"

So It Is Said

In this hour
of lead
a child
beaten
down like a dog
got up
like a man
only
to be
shot
and blown
legless
in an unknown
bog
as his
general
lay dying
in the
leisure
of
his bedroom
not only
untroubled
by life
as a
temporary
measure
but
stroking
the bloom
of a
siberian iris
sent
by
his aide-de-camp.

Così si racconta

In quest'ora
di piombo
un bambino
pestato
di botte come un cane
si rialzò
come un uomo
solo
per essere
fucilato
e schizzato
senza gambe
in un'ignota
palude
mentre il suo
generale
giaceva morente
nell'
agio
della
sua camera
non solo
indisturbato
dalla vita
come
misura
temporanea
ma
accarezzando
il bocciolo
di un
iris siberiano
inviatogli
dal suo
aiutante di campo

Foundling

“When I was little
I lost my name
in the snow.
It was a cold day, so cold
I left fingerprints
in the air,
afraid
I might disappear,
but father kissed my hands
and said,
‘There’s nothing
to fear,
they have lists and lists
of names
and the evidence
is there,
they’ll find you.’”

Trovatello

“Quand’ero piccolo
persi il mio nome
nella neve.
Era una giornata fredda, tanto fredda
che le mie dita lasciavano impronte
nell’aria,
temevo
di potere sparire,
ma papà mi baciò le mani
e disse,
‘Non c’è niente
da temere,
hanno elenchi su elenchi
di nomi
e ci sono
le prove,
ti troveranno’”.

Mon Grand Guignol

"Then there was my acrobat.
Tall and double-jointed, he could bend his body
in a circle backwards and hold on to his heels
so that a clown wired like an angel
with little wings could jump hoop through him.

He'd call to me upside down from between his legs,
'One day we'll wheel within a wheel into the sun.'
He skipped rope, too, on a high wire,
double-dutch, cavorting with the clown,
but the army plucked him out of the air

and parachuted him into the Afghan hills.
He blew off a leg to a land mine and came home
looking for himself in our bedroom mirror
but got lost in the silver lining.
Out of sight, he went out of his mind,

tried to tighten the letter O around his neck, his rope,
his skipping rope, but then crawled into an asdic hut
salvaged from an arctic submarine hunter
that sits rusting under Petrovski bridge where Rasputin
had been wormed half-dead through a hole in the ice.

Every morning he stands there on his hands
and talks down through the crust to the beard,
bared gums, and crazed healing eyes of the holy man jacking
the ice with all his might, trying to come up for air.
On clear days the acrobat bends his body backwards.

He holds on with two hands to his one heel. He waits.
But the circle is broken. 'O', he cries. 'O'. The clown never comes.
Sometimes he stands on his good leg
like a crane and wheels his out-
stretched arms, trying to take off."

Mon Grand Guignol

"E poi c'era il mio acrobata.
Alto e così snodato da riuscire a inarcare il corpo
all'indietro in un cerchio e tenersi i talloni
tanto che un clown sospeso come un angelo
con piccole ali lo attraversava in un sol balzo.

Capovolto, mi parlava con la testa fra le gambe,
'Un giorno rotoleremo in una ruota fin dentro il sole'.
Saltava la corda, poi, in alto sul filo,
e con due corde, saltellando con il clown,
ma l'esercito lo afferrò in volo

e lo paracadutò sulle colline afgane.
Una mina gli portò via una gamba e tornò a casa
a cercar se stesso nel nostro specchio in camera da letto
smarrendosi nella sua anima di argento.
Perso di vista, perse anche la testa,

cercò di stringersi la lettera O attorno al collo, la corda,
la sua corda per saltare, ma s'infilò nella cabina di un sonar
recuperato da un cacciasottomarini artico
che arrugginisce sotto il ponte Petrovski dove Rasputin
era stato sfilato mezzo morto da un buco nel ghiaccio.

Ogni mattina se ne sta ritto sulle mani
e attraverso la spessa crosta parla alla barba,
alle gengive in mostra, e agli occhi folli del santone guaritore,
spingendo il ghiaccio con tutta la sua forza, per venir fuori a respirare.
Nei giorni sereni l'acrobata inarca il corpo all'indietro.

Si tiene con le due mani all'unico tallone. Aspetta.
Ma il cerchio si è spezzato. 'Oh', esclama. 'Oh'. Non arriva mai il clown.
A volte si erge sulla gamba sana
come una gru, e fa ruotare le braccia
tese, provando a decollare".

Fathers & Sons

I

Stones lose their wings
and lie
in common ground,
wear a crown of earth.
Men
spill common seed,
dream their sons as stars
who never die.

II

Stars, stars,
falling stars, shooting stars,
they make no noise,
not a sound we ever hear
though we all lie
down
with our ear
to the ground
as they disappear.

Padri & Figli

I

Le pietre perdono le ali
e giacciono
in suolo comune,
incoronate di terra.
Gli uomini
spargono seme comune,
sognando figli come stelle
che non muoiono mai.

II

Stelle, stelle,
stelle cadenti, stelle comete,
non fanno rumore,
non un suono udiamo
anche se tutti giaciamo
giù
con l'orecchio
premuto al suolo
mentre spariscono.

Hunger

Surrounded by elms swollen with snow
our soldiers dug in during the December siege of '42
and ate cattle-cakes and boiled carpenter's glue
and froze to death in anti-tank ditches
refusing to cut ancestral trees for firewood.
"Children starved in their father's arms.
I die in yours,
You are someone from nowhere
I know nothing about."
A truck drove by half-loaded with drowsy pigs
followed by a skimming bird
pecking at ticks
plump with blood.
"When you undo my blouse you undo my bones,
like a king who sucks the toes
of his slaves,
you feed me your own hunger."

Fame

Circondati da olmi gonfi di neve
le nostre truppe scavarono trincee nell'assedio del dicembre '42
nutrendosi di torte di mucca e colla cotta
e morirono di freddo in fosse anti-carro
rifiutandosi di tagliare alberi ancestrali per scaldarsi.
"Bambini morirono di fame nelle braccia dei padri.
Io muoio nelle tue,
Tu sei uno venuto dal nulla
di cui non so niente".
Passò un camion mezzo carico di maiali sonnolenti
inseguito da un uccello a volo radente
che beccava zecche
gonfie di sangue.
"Quando mi slacci la blusa mi slacci le ossa,
come il re che succhia l'alluce
alle sue schiave,
mi nutri della tua stessa fame".

Hogg on 96 Point 6

On a plain chair
he sat down drunk with one eye
open trying to locate the lame
pallbearer who had been dogging him

as he sat down
on a plain chair and crossed
a short right leg over what felt like his long left
trying to find ground zero, his toes,

as he sat down
on a plain chair, mirthless no matter
how loud he laughed, and cried,
"Don't worry 'bout the horse being blind,"

as he sat down
on a plain chair, "just load up the wagon,"
feeling as empty from the dry heaves
as the hat he held on to in his lap

as he sat down
on a plain chair and teetering saw that he
could no longer see and fell asleep before
hitting the floor, still wary, with one eye open.

Hogg ubriaco di vodka scadente

Su una semplice sedia
sedeva ubriaco con un occhio
aperto a individuare lo zoppo
becchino che l'aveva inseguito

mentre era seduto
su una semplice sedia e incrociava
la gamba destra, corta, sulla sinistra che sentiva più lunga
cercando di trovare un equilibrio con le dita dei piedi,

mentre era seduto
su una semplice sedia, cupo benché
ridesse sguaiato ed esclamasse,
"Non preoccuparti se il cavallo è cieco",

mentre era seduto
su una semplice sedia, "monta il carico sul carro",
sentendosi svuotato dai conati di vomito
come il cappello che teneva stretto in grembo

mentre era seduto
su una semplice sedia e traballando vide
che non ci vedeva più e si addormentò prima
di cadere a terra, pur guardingo, con un occhio aperto.

Shearing

Hogg had been awake all night, unable to sleep, and when he told her that a man has to have sleep she told him about sheep, white and black sheep on either side of the border. She told him how black sheep crossed to be with white sheep and turned white and how white sheep crossed to be with black sheep and turned black. But one day God took away the border, pulling it like a rope through the long grass and all the sheep turned grey as they chased the rope to the end of the world and disappeared into nowhere and that is how God, who has to keep an open eye on things if He is going to be God, stays awake, by counting sheep.

He is still counting sheep because the sheep keep coming.

Tosatura

Hogg era stato sveglio tutta la notte, incapace di dormire, e quando le disse che uno ha bisogno di dormire lei gli parlò di pecore, pecore bianche e nere ai due lati del confine. Gli disse che le pecore nere lo attraversarono per starsene con le pecore bianche e diventarono bianche, mentre le pecore bianche lo attraversarono per starsene con le pecore nere e divennero nere. Ma un giorno Dio eliminò il confine, tirandolo come una fune attraverso l'erba alta, e tutte le pecore divennero grigie mentre inseguivano la fune sino alla fine del mondo e sparirono nel nulla ed ecco come mai Dio, che deve tenere gli occhi aperti su tutto se vuole comportarsi da Dio, resta sveglio, a contare le pecore.

Lui è ancora lì che conta le pecore, perché le pecore continuano ad arrivare.

Hogg Attends a Cafe Performance of Apollinaire's The Poet Assassinated

...And the crowd cried in the dark:
    "Who are you? Who are you?"
                (spotlight)
The poet turned east on his heel.
"I am Viperdoc, expunged apple of Eve's throat,
    unlacing Adam's shoes."
The crowd laughed at this rib-tickler.
                (spotlight)
A man in the first row smacked Viperdoc with a blackjack.
    Blood.
A thrown stone that had eyes in the back of its head broke
    his nose.
    Blood.
A fishmonger elbowed her way through the crowd.
"Haw. You. I know you, you cop, you poet, you
    lying pig."
She cold-cocked Viperdoc and spat.
"Look," he said, his hair standing on end,
    "a miracle, it's my brainstorm."
                (pinpoint lights)
She burst his eye with the point of her umbrella.
He fell among women, who beat him. They popped
    his other eye.
"I confess my consolation resides in the raw elegance of
    words... "
"Shut up you bastard. Step aside ladies." A man wagging a butcherknife jammed it down Viperdoc's throat. Knives. And knives. In the back, in the heart. Soon, there was only a corpse,
    like a barbed sea-urchin.
                (lights out)

Hogg assiste al bar a una performance de Il Poeta Assassinato, *di Apollinaire*

...E nel buio la folla urlò:
    "Chi sei? Chi sei?"
        (*riflettore*)
Il poeta si girò sui tacchi verso oriente.
"Io sono Viperdoc, il pomo strappato alla gola di Eva,
    che slaccia le scarpe ad Adamo".
La gente rise a tale bagatella.
        (*riflettore*)
Un uomo in prima fila colpì Viperdoc con un manganello.
    Sangue.
Una pietra lanciata che aveva occhi sul retro gli spaccò
    il naso.
    Sangue.
Una pescivendola si fece strada a gomitate tra la folla.
"Ehi. Tu. Ti conosco, sbirro, poeta,
    porco bugiardo".
Lo stese a terra con un colpo, e sputò.
"Guardate", lui disse, con i capelli ritti,
    "miracolo, un lampo del mio genio!"
        (*puntini di luce*)
Lei gli fece esplodere un occhio con la punta dell'ombrello.
Lui cadde fra alcune donne, che lo picchiarono. Gli pestarono
    l'altro occhio.
"Confesso che la mia consolazione sta nell'eleganza cruda delle
    parole..."
"Zitto, bastardo. Scansatevi, signore". Un uomo che brandiva un coltellaccio da macellaio lo infilò a forza giù per la gola di Viperdoc. Coltelli. E coltelli. Nella schiena. Nel cuore. Presto non ci fu che un cadavere, simile a un riccio di mare pieno di aculei.
        (*le luci si spengono*)

Then There Were Eleven

His days wore down
like the heel of a shoe,
but still Hogg was unprepared
for the police
who
elbowed him
off
the street,
stood him
on a cold floor
in his bare feet and
told him
to count his toes,
from
one-to-ten
until he got
to
eleven,
and then,
when
he came up short, said:
"Here are your shoes, if they fit,
wear them to the airport."

E poi ce n'erano undici

I suoi giorni si logoravano
come il tacco di una scarpa,
eppure Hogg non era preparato
ai poliziotti
che
a gomitate
lo spinsero via
dalla strada,
e lo fecero stare
su un pavimento gelido
scalzo e
gli ingiunsero
di contarsi le dita dei piedi,
da
uno a dieci
finché lui giunse
a
undici,
e allora,
quando
vide che ne mancava uno, dissero:
"Ecco le tue scarpe, se ti entrano,
mettile e va all'aeroporto".

So It Was Done

It all begins at the end.
We know what love is
when it's over,
the trail of two people
bending into the echo of their own laughter
across a lake fresh with snow.
"And this, this," she cried, looking back,
"is the whiteness of God's mind.
Without us he is nothing.
Nichevo, nichevo."

E così fu

Tutto comincia alla fine.
Cosa sia l'amore lo sappiamo
quand'è finito,
le impronte di due persone
che s'incurvano nell'eco della loro risata,
attraverso un lago fresco di neve.
"E questo, questo", esclamò lei, guardando indietro,
"è il biancore della mente di Dio.
Egli è nulla senza di noi.
Nichevo, nichevo".

Barry Callaghan, the well-known novelist, poet and man of letters, is included in every major Canadian anthology and his fiction and poetry have been translated into seven languages. His works include *The Hogg Poems and Drawings* (1978), *The Black Queen Stories (*1982), *The Way The Angel Spreads Her Wings* (1989). W*hen Things Get Worst* (1993), *A Kiss Is Still A Kiss (*1995), *Hogg, The Poems And Drawings* (1997), (*Barrelhouse Kings: A Memoir*, 1998), *Hogg: The Seven Last Words* (2001), *Raise You Five: Essays and Encounters* 1964-2004, Volume One (2005). *Raise You Ten: Essays and Encounters* 1964-2004, Volume Two (2006), *Between Trains* (2007), *Beside Still Waters* (2009), *Raise You Twenty: Essays and Encounters* 1964-2011, Volume Three (2011). He has published translations of French, Serbian, and Latvian poetry, and has been writer in-residence at the universities of Rome, Venice, Bologna, and Mexico City. He was a war correspondent in the Middle East and Africa in the 70s, at the same time began the internationally celebrated quarterly and press, *Exile* and *Exile Editions*. *Exile* is in its 34th Volume and as editor he has overseen the publication of more than 1000 writers; as for *Exile Editions*, some 350 titles are in print. For thirty-five years, he was a professor of contemporary literature at York University in Toronto, and is now Professor Emeritus and Distinguished Scholar at that institution. For his writing, he has received the Foundation For The Advancement of Canadian Letters Award for Fiction, the City of Toronto Award for Writing, the City of Toronto One Hundred Outstanding Citizens Award, seven National Magazine Awards, two President's Medal Awards for Excellence (NMA), the ACTRA Award for television host of the year, the Pushcart, White, and Lowell Thomas Prizes in the U.S., and the inaugural W. O. Mitchell Award for a body of work, and been short-listed for the Trillium Award. In 1999, the State University of New York awarded him an Honorary Doctor of Letters for contributions to Canadian and International Literature, and in 2002, Guelph University awarded him an Honorary Doctor of Letters for his distinguished contribution to Canadian Letters.

Branko Gorjup has taught Canadian Literature in Canadian and Italian universities. He edited two anthologies of Canadian short fiction, *Silent Music* and *Other Lands*, and two collections of short stories: Leon Rooke's *Narcissus in the Mirror* and Barry Callaghan's *Black Laughter.* In 2001, he guest-edited a special issue, *Oceano Canada*, for Mondadori's *Nuovi Argomenti*, introducing current Canadian writing in English to an Italian readership. His other editorial work includes *Mythologizing Canada: Northrop Frye's Essays on the Canadian Literary Imagination* (Bulzoni Ed., 1992; Legas, 1997), *White Gloves of* *the Doorman: The Works of Leon Rooke* (Exile, 2004), Northrop Frye's *Canadian Literary Criticism and Its Influence* (University of Toronto Press, 2009) and *Margaret Atwood* (Guernica, 2009). As the chief editor of The Peter Paul Series of Contemporary Canadian Poetry, Gorjup co-edited twelve volumes by Canadian contemporary poets and *Words & Images: A Celebratory Bilingual Anthology of Contemporary Canadian Poetry* on the occasion of the 15th anniversary of the founding of the Peter Paul Series, 1993-2008, featured in a special exhibition at the Thomas Fisher Rare Book Library, Toronto.

Armando Pajalich was Full Professor of English Literature at the University of Venice (Ca' Foscari), working mainly on 20th century Literatures and Cultures in English. He has published several volumes of literary criticism and textbooks, his most recent monograph being *Il bianco, il nero, il colore. Cinema dell'Impero Britannico e delle sue ex-colonie*, 1929-1972 (2008). He has translated many 20th century writers (including Athol Fugard, Wole Soyinka, Francis Scott Fitzgerald, Christopher Okigbo). As a poet, he published his first book in 1975 (*Un po' di poesia*). Later volumes include *Se anche solo una notte hai creduto* (1984). *Gipsoteca* (1990), *I Cantari di Penelope e di Gilgamesh* (1993), *Età d'argento* (2011), *Porto Fantastico* (2012). A book of short stories in English, *New York Tales*, appeared in 1999. Venetian-born, he currently lives in Venice and in Kerkyra (Greece).

Francesca Valente Gorjup graduated in English and American Literature at the university of Ca' Foscari, Venice (1968) and received a Master of Arts degree from the University of Toronto (1977) and in 1999 she was granted an honorary Doctor of Letters degree by York University for promoting Italian culture in Canada and Canadian culture in Italy. Since 1978 she has worked for the Italian Ministry of Foreign Affairs directing the Italian Cultural Institutes of San Francisco, Toronto-Vancouver, Chicago and Los Angeles. She also worked for the Commissione Nazionale Unesco, Rome. She is the author of various publications and has translated works by numerous Canadian and American authors into Italian, including Margaret Atwood, Leonard Cohen, Northrop Frye, Irving Layton, Marshall McLuhan, Al Purdy, Frank Lloyd Wright, Leon Rooke, Michael Ondaatje, to name a few, and from Italian into English, Pier Paolo Pasolini, Giorgio Bassani, Patrizia Cavalli, Enzo Cucchi and Edoardo Sanguineti. Valente served as project director of two multi-media cultural festivals *Italy on Stage* (1987) and *Italy in Canada* (1990-91) and was responsible for the installation of the *Fountain of Italy* by Enzo Cucchi at York University, Toronto (1993). In 2011, on the 150th anniversary of the unification of

Italy, she coordinated a worldwide network of 89 Italian Cultural Institutes for the Italian Pavillion of the Venice Biennale, on behalf of the Italian Ministry of Foreign Affairs, bringing together 217 artists of Italian origin.

Index
Indice

The Peter Paul Series of English Canadian Poetry

Foglio a foglia / Leaf to Leaf: Selected Poems of Don McKay. (Bilingual Italian / English Edition). Graphic Designs by Giuseppe Maraniello. Translation: Sara Fruner and Filippo Mariano; revision: Francesca Valente, 2010.

Words & Images: A Celebratory Bilingual Anthology of Contemporary Canadian Poetry, The Peter Paul Series 1993-2008.

La solitudine della forza / The Solitude of Strength: Selected Poems of Leonard Cohen. (Bilingual Italian / English Edition). Graphic Designs by Arnaldo Pomodoro. Translation: Francesca Valente, 2008.

Luce ostinata / Tenacious Light: Selected Poems by Dionne Brand. (Bilingual Italian / English Edition). Drawings and Graphic Designs by Achille Perilli. Translation: Marco Fazzini, Sara Fruner and Francesca Valente, 2007.

La dimora del cuore / Heart Residence: Selected Poems of Dennis Lee. (Bilingual Italian / English Edition). Drawings and Graphic Designs by Nunzio. Translation: Laura Forconi, Caterina Ricciardi and Francesca Valente, 2006.

Il cuore che vede / The Optic Eye: Selected Poems of Margaret Avison. (Bilingual Italian / English Edition). Water Colours and Graphic Designs by Ubaldo Bartolini. Translation: Brunella Antomarini, Francesca Piviotti and Francesca Valente, 2003

Una notte senza scale / A Night without a Staircase: Selected Poems of Michael Ondaatje. (Bilingual Italian / English Edition). Drawings and Graphic Designs by Vettor Pisani. Translation: Anna Maria Chiavatti and Francesca Valente, 2001.

Giochi di specchi / Tricks with Mirrors: Selected Poems of Margaret Atwood. (Bilingual Italian / English edition) Water Colours by Luigi Ontani. Translation: Laura Forconi, Caterina Ricciardi and Francesca Valente, 2000.

Pronuncia I nomi / Say the Names: Selected Poems of Al Purdy. (Bilingual Italian / English edition). Water Colours by Giuseppe Zigaina. Translation: Laura Forconi, Caterina Ricciardi and Francesca Valente, 1999.

Rosa dei venti / Compass Rose: Selected Poems of P.K. Page. (Bilingual Italian / English edition). Water Colours and Drawings by Mimmo Paladino. Translation: Francesca Valente, 1998.

Il geroglifico finale / The Last Hieroglyph: Selected Poems by GWENDOLYN MACEWEN. (Bilingual Italian / English edition). Water Colours by Sandro Chia. Translation: Francesca Valente, 1997.

Il cacciatore sconcertato / The Baffled Hunter: Selected Poems by IRVING LAYTON. (Bilingual Italian / English edition). Drawings by Enzo Cucchi. Translation: Francesca Valente, 1993.

Finito di stampare
nel mese di gennaio 2013
per A. Longo Editore in Ravenna
da Tipografia Moderna